Alexander Breuer

Der sino-amerikanische „Chip War“

Arbeiten zur europäischen Sicherheit

Bis Band 2
Arbeiten zur Europäischen
Sicherheits- und Verteidigungspolitik

herausgegeben von

Prof. Dr. Ralph Rotte
(RWTH Aachen University,
Institut für Politische Wissenschaft)

Band 6

LIT

Alexander Breuer

Der sino-amerikanische „Chip War"

Seine Bedeutung für Chinas digitale Ambitionen und geopolitische Implikationen

LIT

Das Buch wurde gedruckt mit freundlicher Unterstützung
der RWTH Aachen.

RWTH AACHEN UNIVERSITY

∞

Gedruckt auf alterungsbeständigem Werkdruckpapier entsprechend
ANSI Z3948 DIN ISO 9706

Bibliografische Information der Deutschen Nationalbibliothek
Die Deutsche Nationalbibliothek verzeichnet diese Publikation in der Deutschen Nationalbibliografie; detaillierte bibliografische Daten sind im Internet über https://dnb.dnb.de abrufbar.

ISBN 978-3-643-15611-2 (br.)
ISBN 978-3-643-35611-6 (PDF)

Verlagskontakt:
Fresnostr. 2 D-48159 Münster
Tel. +49 (0) 2 51-62 03 20
E-Mail: lit@lit-verlag.de https://www.lit-verlag.de

Auslieferung:
Deutschland: LIT Verlag, Fresnostr. 2, D-48159 Münster
Tel. +49 (0) 2 51-620 32 22, E-Mail: vertrieb@lit-verlag.de

Vorwort: *Economic Warfare, Tech Wars* und *Chip War* – Europa zwischen den USA und China

Thema des vorliegenden Bandes ist der gegenwärtige wirtschaftliche und (macht-) politische Konflikt zwischen den Vereinigten Staaten und China, der sich augenfällig im laufenden und sich verschärfenden *Tech War* um den Export von Hochtechnologie in die Volksrepublik manifestiert. Alexander Breuer ordnet letzteren in den Kontext der chinesischen Außenpolitik, ihrer grundlegenden Motive und konkreten (v.a. wirtschaftspolitischen) Instrumente ein, diskutiert die Rolle chinesischer Unternehmen als potenzielles Vehikel außenpolitischer Einflussnahme am Beispiel des 5G-Ausbaus und stellt insbesondere die technologischen und politischen Hintergründe sowie die Maßnahmen und die möglichen Folgen und Risiken des US-amerikanisch-chinesischen „Chip War" dar. Damit gibt er einen umfassenden und hochaktuellen Überblick über das gegenwärtige Stadium der *Economic Warfare* der USA gegen China, in der die Vereinigten Staaten ihre noch immer vorhandene, überlegene strukturelle Macht als Führungsnation im globalen Wirtschafts- und Finanzsystem sowie als primäre Technologie- und Militärmacht mit einem weitverzweigten Bündnissystem dazu nutzen, um das als „peer competitor" angesehene, aufsteigende China in seinem technologisch-wirtschaftlichen und damit militärisch-politischen Aufstieg zu bremsen und Position der Vereinigten Staaten als politisch-ökonomische Nummer 1 des internationalen Systems zu verteidigen.

Auf den ersten Blick mag es verwundern, dass sich die Analyse dieser Auseinandersetzung zwischen der alteingesessenen Weltmacht USA und ihrem aufstrebenden Herausforderer China im Kontext einer Reihe „Arbeiten zur europäischen Sicherheit" findet. Doch mindestens vier Punkte verdeutlichen schnell, dass dies durchaus der richtige Ort ist, um sich damit zu befassen:

Erstens ist der *Chip War* zwischen den USA und China ganz grundsätzlich ein aktueller Ausdruck der Infragestellung der nach dem Kalten Krieg etablierten „liberalen Weltordnung" durch revisionistische, antiwestliche, antidemokratisch-autoritäre und nationalistische Systeme wie eben die Volksrepublik oder die Russische Föderation, welche zudem auch die kapitalistisch-marktwirtschaftliche Weltwirtschaftsordnung zugunsten etwa staatskapitalistischer Systeme verändern wollen. Ihr Ziel ist die

Beendigung der vermeintlichen globalen Hegemonie der USA, die als zentraler Feind angesehen werden, im Fall Chinas verbunden mit dem historisch geprägten Anspruch einer weltpolitischen Führungsrolle und Revision der Resultate des westlichen Imperialismus des 19. und 20. Jahrhunderts mit seinen „ungleichen Verträgen“ zu Chinas Lasten.

Es ist offensichtlich, dass sich die Europäer als bisherige enge Partner der Vereinigten Staaten, mit denen sie über gemeinsame Werte (Demokratie, Menschenrechte, wirtschaftliche und politische Freiheit) und Interessen (regelbasierte globalisierte Weltwirtschaft, internationale Institutionen, gemeinsame Sicherheit im Bündnis) verbunden sind, notwendigerweise in diesem Ringen um eine neue Weltordnung positionieren müssen, selbst wenn politische und insbesondere wirtschaftliche Akteure lieber abseits stehen und mit beiden Seiten dauerhaft gute – vor allem auch lukrative ökonomische – Beziehungen pflegen würden. Man denke an die vielbeschworene „Zeitenwende“ in Folge der russischen Aggression gegen die Ukraine, welche zumindest theoretisch-konzeptionell einen grundlegenden Bruch mit der seit Jahrzehnten verfolgten deutschen Außen- und Sicherheitspolitik darstellt, auch wenn sie in der praktischen Umsetzung deutliche Friktionen aufweist.

Zweitens verdeutlicht der chinesisch-amerikanische Konflikt die gravierenden Sicherheits- und Nachhaltigkeitsmängel der bisherigen Wirtschafts- und Außenpolitikmodelle, welche nicht zuletzt gerade von Deutschland nach 1990 intensiv verfolgt wurden. Während die Außen- und Sicherheitspolitik der Bundesrepublik und der meisten anderen westeuropäischen Staaten auf multilaterale Kooperation und wirtschaftliche Verflechtung im Sinne der Idee des Liberalen Friedens und des „Wandels durch Handel“ sowie die Realisierung der „Friedensdividende“ nach dem vermeintlich endgültigen Ende des Ost-West-Konfliktes setzte, basierte (und basiert) gerade das deutsche Wirtschaftsmodell auf intensivem Außenhandel. Zwischen 2000 und 2023 stieg die deutsche Exportquote, also das Verhältnis des Exportvolumens zum Bruttoinlandsprodukt, von rund 30 Prozent auf ca. 47 Prozent, die Importquote von ca. 30 auf rund 43 Prozent. Laut Statistischem Bundesamt ist geschätzt über ein Viertel der deutschen Arbeitsplätze direkt oder indirekt vom Export abhängig, im verarbeitenden Gewerbe sogar über die Hälfte. Bekanntlich hat der Grünen-Politiker Anton Hofreiter dieses Wirtschaftsmodell 2022 sarkastisch folgendermaßen charakterisiert: „Überspitzt gesagt, fußt deutscher Wohlstand darauf, dass wir in der einen Diktatur, in Russland, billige Rohstoffe einkaufen, dann hier Produkte herstellen – um sie dann der anderen Diktatur, China, zu verkaufen."

Offenbar wäre die deutsche Wirtschaft von einer fundamentalen Verschlechterung der Bedingungen für internationalen Handelsaustausch in Folge steigenden Protektionismus und einer zunehmenden Versicherheitlichung („securitization") der internationalen Wirtschaftsbeziehungen besonders stark negativ betroffen. Schließlich sind die USA und die Volksrepublik China die beiden größten Handelspartner der Bundesrepublik: 2022 gingen Exporte in Höhe von 156 Mrd. Euro in die USA, noch vor Frankreich (EUR 116 Mrd.), den Niederlanden (EUR 111 Mrd.) und China (EUR 107 Mrd.); aus China stammten die meisten deutschen Importe (EUR 192 Mrd.), vor den Niederlanden (EUR 120 Mrd.), den USA (EUR 92 Mrd.) und Polen (EUR 78 Mrd.). Der Konflikt mit Russland seit der Invasion der Ukraine Anfang 2022 und die von Alexander Breuer analysierte Verschärfung des sino-amerikanischen Wettbewerbs um die globale Führungs- und Ordnungsmacht machen entsprechend deutlich, dass das etablierte europäische und vor allem deutsche Wirtschaftsmodell wohl nicht weiter aufrecht zu erhalten ist, selbst wenn etwa die Hälfte des deutschen Außenhandels innerhalb der Europäischen Union abgewickelt wird. So hat es auch der französische Präsident Emmanuel Macron in seiner zweiten Sorbonne-Rede im April 2024 formuliert: „(...) cette ère où l'Europe achetait son énergie et ses engrais à la Russie, faisait produire en Chine, déléguait sa sécurité aux États-Unis d'Amérique, est révolue."

Drittens sind die europäischen Staaten in der Praxis bereits längst in den Konflikt zwischen den USA und China verwickelt: So stellt etwa der Boykott Chinas bei Exporten modernster Lithographie-Systeme zur Herstellung von High-End-Halbleitern durch die niederländische ASML einen wichtigen Baustein des *Chip War* dar. Zudem haben auch in der EU die sicherheitspolitischen Vorbehalte gegen die chinesische Investitionspolitik im Ausland in den letzten Jahren deutlich zugenommen. Vor dem Hintergrund der kostspieligen Energieentkopplung von Russland und der Erfahrung von empfindlichen Abhängigkeiten bei überseeischen *Supply Chains* auch während der Corona-Krise verfolgen die China-Strategien der EU und der Bundesregierung mittlerweile das neue Prinzip des „De-risking" gegenüber der Volksrepublik; im Feld der Hochtechnologie geht auch der EU *Chips Act* von 2023 in diese Richtung. Beides erreicht bislang nicht die Intensität und Konsequenz des US-amerikanischen „Decoupling“-Ansatzes und des *chip war*, doch es wird deutlich, dass die Europäer im Wettkampf zwischen den USA und China alles andere als neutral sind. Indirekt involviert sind sie schließlich auch durch ihr verstärktes Engagement in sicherheits- und wirtschaftspolitischen Projekten, welche letztlich der Ausbalancierung chinesischer Ambitionen in Asien und in Afrika (*Belt and Road*-Initiative) dienen. Dazu gehören etwa die seit 2020 verstärkte Kooperation der NATO mit regionalen Akteuren im Indopazifik wie Japan, Südkorea, Australien und Neuseeland, die *Global Gateway*-Initiative der EU (seit 2021), die *Partnership for Global Infrastructure and Investment* der G7 (seit 2022) oder der geplante *India-Middle East-Europe Economic Corridor* (seit 2023).

Viertens werden in der Reaktion auf den sino-amerikanischen Konflikt auch die grundsätzlichen Probleme einer einheitlichen EU-Haltung und insbesondere der GASP sowie der Gemeinsamen Sicherheits- und Verteidigungspolitik (GSVP) deutlich. Diese betreffen etwa die Skepsis verschiedener, vor allem osteuropäischer Mitgliedsstaaten gegenüber einer sicherheits- und verteidigungspolitischen Aufwertung der EU, etwa im Zusammenhang mit einer dauerhaften verstärkten Kooperation (PESCO), sofern diese zu Lasten der NATO gehen könnte. Schließlich wird letzterer noch immer und seit dem russischen Angriff auf die Ukraine noch verstärkt Priorität in der Gewährleistung europäischer Sicherheit eingeräumt. Zugleich weisen einzelne EU-Mitgliedsstaaten eine sehr ausgeprägte wirtschaftliche und diplomatische Kooperationsbereitschaft mit China (und Russland) auf, wie beispielsweise Ungarn, was ebenfalls zur Heterogenität bzw. Inkonsistenz der europäischen Position beiträgt. Gleiches gilt für unterschiedliche strategische Kulturen, Bedrohungswahrnehmungen, innenpolitische Präferenzen oder finanz- und industriepolitische Interessen, wie sie etwa im Kontext bi- und multilateraler Rüstungsprojekte, z.B. zwischen Frankreich und Deutschland, immer wieder offenbar werden. Schließlich spielen schon allein die unterschiedlichen außenwirtschaftlichen Positionen unter den Staaten der Europäischen Union eine Rolle. So gibt es Länder in der EU, welche mit Intra-EU-Exportanteilen von rund 70 bis 80 Prozent (2022) wie z.B. Tschechien, die Slowakei, Polen, die Niederlande oder Portugal selbst ungeachtet der konkreten Haupthandelspartner einem (Teil-) Verlust von Ausfuhrmärkten außerhalb der EU infolge weltwirtschaftlicher und sicherheitspolitischer Verwerfungen prinzipiell wesentlich gelassener begegnen können als etwa solche mit Intra-EU-Exporten von maximal etwas über 50 Prozent aller Ausfuhren, wie z.B. Deutschland, Schweden, Italien, Malta oder Irland.

Vor diesem Hintergrund unterstreicht die vorliegende Analyse Alexander Breuers auch ohne die potenziell zusätzlich erschwerenden Folgen der anstehenden Präsidentschaftswahlen in den USA den massiven Handlungsbedarf der europäischen und deutschen Sicherheitspolitik im Sinne eines Umbaus des politischen, administrativen, wirtschaftlichen und militärischen Systems in Richtung verstärkter sozioökonomischer Resilienz und reduzierter Dependenzstrukturen (mit ihrer Folge potenzieller Erpressbarkeit) gegenüber macht- und gesellschafts-politischen Systemkonkurrenten wie eben der Volksrepublik China und der Russischen Föderation. Spätestens dann, wenn die von Alexander Breuer skizzierte Kriegsgefahr zwischen den USA und China in Folge der bislang durchaus als erfolgreich einzuschätzenden US-Sanktionspolitik im Zusammenhang mit den wachsenden strukturellen Problemen Chinas (Demographie, Verschuldung, Außenhandelsabhängigkeit, einseitig ausgerichtete und durch das politische System gehemmte Wirtschafts-strukturen) tatsächlich signifikant steigen sollte, dürfte auch ganz unmittelbar deutlich werden, wie relevant der sino-amerikanische *Chip War* auch für die europäische Sicherheitspolitik und die Vorstellung eines echten „Europe souveraine, unie, démocratique“ (Emmanuel Macron) ist.

Aachen, im Juli 2024 Der Herausgeber

Inhaltsverzeichnis

1. Einleitung

> „We rarely think about chips, yet they've created the modern world. The fate of nations has turned on their ability to harness computing power. Globalization as we know it wouldn't exist without the trade in semiconductors and the electronic products they make possible. America's military primacy stems largely from its ability to apply chips to military uses. Asia's tremendous rise over the past half century has been built on a foundation of silicon as its growing economies have come to specialize in fabricating chips and assembling the computers and smartphones that these integrated circuits make possible" (Miller 2022: xix).

Mit diesen Worten verdeutlichte der US-amerikanische Historiker Chris Miller im Rahmen seines im Oktober 2022 erschienen Werks „Chip War. The fight for the world's most critical technology" (siehe ebd.) die fundamentale Bedeutung der sogenannten Chips für unser heutiges Wirtschaftssystem und ihre ebenfalls kaum zu überschätzenden militärischen Implikationen.

Chips beziehungsweise *semiconductors* (zu dt. Halbleiter)[1] sind winzige elektronische Geräte, die überwiegend aus Silikon oder Germanium bestehen und auf denen Milliarden miteinander verbundene Transistoren sowie weitere elektronische Komponenten installiert sind (vgl. Singh et al. 2023: 1; vgl. Khan et al. 2021: 6). Aufgabe der Halbleiter ist die Erfassung, Speicherung, Verarbeitung und Sendung von Daten, weshalb sie auch als „Gehirn" und „Gedächtnis" elektronischer Geräte gelten sowie in den Bereichen Sensorik, Kommunikation und Stromversorgung grundlegend sind (vgl. Singh et al. 2023: 1). Daher sind Chips nicht nur für Mobiltelefone, Fernseher oder Laptops, sondern auch im industriellen und militärischen Kontext von fundamentaler Bedeutung (vgl. SIA/NIA 2016: 1). Halbleiter stellen ebenfalls die Basis neuer Technologien wie Künstliche Intelligenz und 5G dar (vgl. Singh et al. 2023: 1).[2]

---

[1] Weitere Synonyme für Halbleiter sind *integrated circuits* und *computer chips* (vgl. Singh et al. 2023: 1).

[2] Eine detaillierte Definition beider Begriffe erfolgt in Kapitel 4.2 beziehungsweise 5.

Millers prägnanter „Chip War“-Begriff bezeichnet dabei den Großmachtkonflikt zwischen den USA und der Volksrepublik China um die zukünftige Kontrolle der mit diesen Chips verbundenen Rechenleistung (vgl. Miller 2022: xxv). Im Fokus steht dabei insbesondere der Inselstaat Taiwan, welcher aufgrund der dort ansässigen Taiwan Semiconductor Manufacturing Company (TSMC) als „epicenter of the world semiconductor manufacturing“ (ebd. xxvi) gilt.[3] So könnte ein potenzieller militärischer Angriff auf den taiwanesischen Konzern laut Miller enormen weltwirtschaftlichen Schaden hervorrufen:

> „A single missile strike on TSMC's most advanced chip fabrication facility could easily cause hundreds of billions of dollars of damage once delays to the production of phones, data centers, autos, telecom networks, and other technology are added up" (ebd.: xxvi).

Doch bereits eine chinesische Blockade der Insel würde zu schweren Lieferengpässen führen (vgl. ebd. xxvi).

Auch wenn ein chinesischer Angriff auf Taiwan und die damit verbundenen potenziell weitreichenden Konsequenzen bislang nur ein hypothetisches Schreckensszenario darstellen, erreichte der sino-amerikanische „Chip War“ im vergangenen Jahr eine neue Qualität beziehungsweise seine bislang höchste Eskalationsstufe. So verhängte das *Bureau of Industry and Security (BIS)* des US-Handelsministeriums am 7. Oktober 2022 ein umfassendes Embargo auf den Export der fortschrittlichsten Halbleiter sowie des für ihre Herstellung notwendigen Equipments nach China (vgl. Bureau of Industry and Security 2022: 1ff.).[4] Diese Exportkontrollen werden von einigen Beobachtern wie etwa vonseiten Gregory C. Allens vom *Center for Strategic and International Studies (CSIS)* hinsichtlich ihrer historischen Bedeutsamkeit und geopolitischen Implikationen sogar mit dem ebenfalls 2022 erfolgten russischen Überfall auf die Ukraine verglichen:

---

[3] Miller spricht auch von einer „Taiwanization“ (ebd.: 297) der Halbleiterfertigung (vgl. ebd.: 297).

[4] Eine genaue Betrachtung der US-Sanktionen vom Oktober 2022 erfolgt in Kapitel 6.3.

> „Two dates from 2022 seem certain to echo in geopolitical history. The first, Russia's invasion of Ukraine on February 24, hardly needs further explanation. The second is October 7, when the U.S. government enacted a series of new export control regulations targeting China's artificial intelligence (AI) and semiconductor industries" (Allen 2023: 1).[5]

Angesichts der außerordentlich hohen Relevanz, die Autoren wie Miller[6] und Allen dieser Thematik zusprechen, ergibt sich daher auch die Frage, wie sich die US-Halbleiter-Kontrollen auf zentrale Zielsetzungen der chinesischen Staatsführung auswirken und welche geopolitischen Folgen daraus abzuleiten sind.

Aus diesem Grund steht folgende These im Zentrum der vorliegenden Arbeit:

Durch die US-Halbleiter-Sanktionen vom Oktober 2022 und deren Verschärfung werden Chinas digitale Ambitionen sowie die damit verbundenen wirtschaftlichen und militärischen Modernisierungsziele Xi Jinpings essenziell gefährdet. Daraus kann sich eine Dynamik entwickeln, die sogar zum Ausbruch eines militärischen Konflikts zwischen China und den USA führen könnte.

Zur Prüfung dieser These sollen die folgenden Fragen Beantwortung finden: Welche übergeordneten Modernisierungsziele stellt die Kommunistische Führung unter Xi Jinping für China auf und wodurch sind diese geprägt? Worin bestehen die digitalen Ambitionen der chinesischen Regierung und welche Grundüberzeugungen lassen sich daraus ableiten? Warum und wie sind die digitalen Ambitionen Chinas mit den Modernisierungszielen Xis verbunden? Ergeben sich aus dem Export chinesischer 5G-Technologie Potenziale zur Auslandseinflussnahme für China und besteht darin eine mögliche Gefahr für die Importländer, insbesondere im Westen?

---

[5] Die Anführung von Allens Vergleich erfolgt ausschließlich hinsichtlich der angenommenen weitreichenden geopolitischen Implikationen. Das durch Russland verursachte menschliche Leid aufseiten der ukrainischen Zivilbevölkerung und Streitkräfte ist natürlich in keiner Weise mit dem gegenwärtigen Charakter des „Chip Wars" zu vergleichen.

[6] Da Millers Buch bereits am 4. Oktober 2022 erschien (vgl. Simon and Schuster o.J.), konnte er die kurz darauf verhängten US-Chip-Kontrollen darin nicht mehr beleuchten.

Wie lässt sich die Struktur der globalen Chipindustrie charakterisieren? Welche Ziele verfolgt die chinesische Führung im Halbleiterbereich und wie leistungsfähig sind chinesische Chipunternehmen im internationalen Vergleich gegenwärtig und voraussichtlich in Zukunft? Worin bestehen die US-Halbleiter-Kontrollen vom Oktober 2022 sowie deren Verschärfung und welche Bedeutung haben diese für die digitalen Ambitionen und Modernisierungsziele Pekings? Kann die Volksrepublik China effektiv auf das Embargo der USA reagieren? Wie könnten die US-Chip-Sanktionen zum Ausbruch eines militärischen Konflikts zwischen China und den USA führen?

China steht im Zentrum der Betrachtung, da die chinesische Führung im Kontext des sino-amerikanischen „Chip Wars" unter Zugzwang steht. Schließlich ist Peking von der US-Regierung durch die Halbleiter-Sanktionen vor vollendete Tatsachen gestellt worden und muss nun deren Auswirkungen bewerten und etwaige Reaktionen abwägen.

Zur Beantwortung der obigen These und Fragen wird sich überwiegend auf Literatur und Quellen aus dem chinesischen, US-amerikanischen und europäischen Raum gestützt. Bei den Quellen aus China handelt es sich hauptsächlich um offizielle Reden des chinesischen Präsidenten Xi Jinpings sowie um Pläne[7], die von hohen staatlichen Stellen, insbesondere dem Staatsrat[8], publiziert wurden. Da die chinesische Staatsführung offenbar dazu neigt, ihre Ziele in diesen Veröffentlichungen genaustens zu erläutern, ergibt sich ein detailliertes Bild der offiziellen digitalen Ambitionen Chinas sowie der übergeordneten Modernisierungsziele Xi Jinpings, auch wenn es natürlich unerlässlich ist, diese Zielsetzungen Pekings einer kritischen Betrachtung zu unterziehen. Zur Analyse der chinesischen Ziele und Ambitionen, ihrer praktische Umsetzung, sowie der weiteren in dieser Arbeit behandelten Themenkomplexe wird sich hingegen überwiegend auf Literatur aus dem US-amerikanischen Raum bezogen. Die entsprechenden Autoren publizierten beispielsweise im Rahmen von Aufsätzen in Fachzeitschriften oder über bekannte *Thinktanks*. Da die USA der zentrale geopolitische Rivale der Volksrepublik China sind, weisen manche Bewer-

[7] Beziehungsweise deren englische Übersetzungen.

[8] „Der Kern der Zentralregierung ist der Staatsrat (Kabinett), dem der durch den NVK [Nationaler Volkskongress] gewählte Ministerpräsident vorsteht. Ihm stehen vier stellvertretende Ministerpräsidenten und fünf Staatsratskommissare zur Seite" (Alpermann 2014: 97).

tungen der Autoren daher in Teilen eine etwas zu unkritische Betrachtung der USA auf.[9] Publikationen europäischer Wissenschaftler finden zwar durchaus Beachtung, werden insgesamt allerdings weniger häufig hinzugezogen, da das Literaturaufkommen, wohl weil Europa nicht im Zentrum des Konflikts steht, geringer ist.[10] Aus Investigativ-Berichten von Nachrichtenagenturen und Zeitungen ließen sich ebenfalls zentrale Erkenntnisse, vornehmlich zu hochaktuellen Entwicklungen, ableiten.

Im Rahmen der vorliegenden Arbeit wird daher primär die Methode der Textanalyse verwendet, weil sich daraus insbesondere der Charakter der digitalen Ambitionen und Modernisierungsziele Pekings sowie Chinas Stellung und Potenziale in der globalen Halbleiterindustrie ergeben. Auch Textvergleiche werden vorgenommen, vor allem hinsichtlich des Aufeinandertreffens chinesischer und US-amerikanischer Perspektiven sowie im Kontext historischer und theoretischer Bezüge beziehungsweise Vergleiche.

Die Struktur der Arbeit beziehungsweise die Reihenfolge, in der diese Fragen Beantwortung finden, gestaltet sich dabei folgendermaßen: Im zweiten Kapitel erfolgt eine Charakterisierung und Kontextualisierung des Narrativs vom „Jahrhundert der Demütigung" als bis heute prägendes Geschichtsverständnis in der Volksrepublik China. Den Einstieg in Kapitel drei bildet Xi Jinpings Verwendung dieses Narrativs als Legitimation der übergeordneten Modernisierungsziele, die der chinesische Staatspräsident für sein Land aufstellt. Der Kern dieses Kapitels besteht dementsprechend in der Erläuterung dieser Ziele sowie in der Bewertung ideologischer Äußerungen Xis, insbesondere zur Rolle der Kommunistischen Partei in China. Im vierten Kapitel werden hingegen die zentralen staatlichen Digitalpläne der Volksrepublik China analysiert und mit den im vorherigen Kapitel herausgearbeiteten Modernisierungszielen verknüpft. Hervorgehoben werden dabei die *Made in China 2025*-Initiative, zwei bedeutsame KI-Pläne zur wirtschaftlichen und militärischen Bedeutung Künstlicher Intelligenz sowie die sogenannte *Digital Silk Road.* Diese Pläne stehen im Fokus der Betrachtung, weil in ihnen die Stoßrichtung der Digitalambitionen Pekings nach außen wie nach innen sowie die Ziele hinsichtlich der Schlüs-

---

9 Allerdings tritt dies nur punktuell auf und wird zudem in dieser Arbeit kritisch kommentiert.

10 Dennoch sind insbesondere die detaillierten Analysen des *Mercator Institute for China Studies (MERICS)* positiv hervorzuheben.

seltechnologie KI definiert und begründet werden.[11] Eine Bewertung des Exports chinesischer 5G-Technologie hinsichtlich der davon ausgehenden Einflusspotenziale als auslandsorientierte Komponente der digitalen Ambitionen Chinas wird in Kapitel fünf vorgenommen. Dabei wird auch der Frage nachgegangen, ob insbesondere ein 5G-Ausbau durch Huawei eine mögliche Gefahr für westliche Staaten darstellt. Der sino-amerikanische „Chip War" steht im Zentrum des sechsten und letzten Kapitels. So wird nach einer Erläuterung der technologischen Hintergründe und Struktur der globalen Chipindustrie aufgezeigt, welche Ziele die chinesische Führung im Halbleiterbereich verfolgt und wodurch diese motiviert sind. Daran schließt sich eine Betrachtung der gegenwärtigen Leistungsfähigkeit chinesischer Halbleiterunternehmen im internationalen Vergleich sowie deren voraussichtlicher Entwicklung und der daraus resultierenden Verwundbarkeit Chinas an. Zudem erfolgt eine Analyse der US-Sanktionen vom Oktober 2022 sowie deren Verschärfung und die damit verbundenen Ziele der Biden-Administration. Ebenfalls im Fokus dieses Kapitels stehen die Bedeutung der Chip-Kontrollen für die Modernisierungsziele und digitalen Ambitionen der chinesischen Staatsführung um Xi Jinping sowie eine Bewertung möglicher Gegenreaktionen der Volksrepublik hinsichtlich ihrer Effektivität. Den Schluss der Arbeit bildet die Einschätzung des aus dem Chipkonflikt resultierenden Risikos einer militärischen Eskalation zwischen den USA und China. Diesbezüglich sind die sogenannte „Thuykidides-Falle"[12] Graham Allisons sowie die Dynamik, welche zum Kriegsausbruch zwischen dem Kaiserlichen Japan und den USA 1941 führte, von besonderer Bedeutung.

Bevor allerdings die Ziele Chinas, deren Umsetzung in die Praxis und der sino-amerikanische „Chip War" behandelt werden können, erscheint es ratsam, zuerst auf historische Aspekte einzugehen, deren Verständnis im

---

[11] Natürlich werden im Rahmen der vorliegenden Arbeit auch eine Vielzahl weiterer chinesischer und auch US-amerikanischer Papiere und Konzepte, welche diese zentralen Dokumente ergänzen, einer Analyse unterzogen. Eine Erläuterung der Ziele Chinas im Halbleiterbereich erfolgt allerdings erst in Kapitel 6, da diese, wie im Folgenden deutlich werden wird, nicht nur eine digitale Ambition Pekings darstellen, sondern zudem selbst die fundamentale Voraussetzung für die Realisierung eben jener chinesischen Digitalambitionen bilden.

[12] Eine Definition erfolgt in Kapitel 6.6.

China der Gegenwart[13] nach wie vor bedeutsam ist. Im Zentrum dieser Betrachtung steht dabei das bereits oben genannte Narrativ vom „Jahrhundert der Demütigung".

[13] Wie sich im Folgenden zeigen wird.

2. Das „Jahrhundert der Demütigung“ – Narrativ und Kontextualisierung

Das sogenannte „Jahrhundert der Demütigung“ beziehungsweise „Century of Humiliation“ (Kaufman 2010: 4) ist ein Narrativ (vgl. ebd.: 4), dessen sich oftmals bedient wird, um Chinas Blick auf die Welt erklärbar zu machen. So leitete Kaufman in einem 2010 erschienenen Aufsatz für die Fachzeitschrift *Pacific Focus* ihre Analyse zum „Jahrhundert der Demütigung“ mit folgender Feststellung ein:

> „I argue that the discourses China's elites developed during the 1839–1949 period in order to understand China's weakness at the time continue to shape China's outlook on how it should engage the international system today. The Century of Humiliation presents not just a cautionary tale about past experiences, but a source of beliefs about how the world works. Both explicitly and implicitly, Chinese elites still use the vocabulary and questions developed during that period to interpret the dynamics of international relations today” (ebd.: 4).

Bezug nimmt das „Jahrhundert der Demütigung“ dabei auf einen historischen Zeitraum, der 1839 bis 1842 durch die von der britischen Regierung erzwungene Öffnung chinesischer Häfen für den Opiumhandel begann und 1949 mit dem Sieg der Kommunistischen Partei im chinesischen Bürgerkrieg endete (vgl. ebd.: 4).

Vor dem Opiumkrieg befanden sich die chinesischen Herrscher im Zentrum eines sie umkreisenden Tributsystems, Berührungspunkte mit nichtasiatischen Zivilisationen existierten kaum (vgl. ebd.: 5). Angefangen mit dem Opiumkrieg ist China jedoch laut Kaufman gewaltsam in eine Lage gezwungen worden, die als „semi-colonial“ (ebd.: 5) bezeichnet werden könne (vgl. ebd.: 5). So musste das Land die Kontrolle über große Teile seines Gebietes an westliche Staaten und Japan abtreten (vgl. ebd.: 5). Darüber hinaus führten Unabhängigkeitsbestrebungen in Tibet und der Mongolei während der 1910er und 20er Jahre sowie das spätere japanische Vordringen in der Mandschurei dazu, dass China fast ein Drittel seines Staatsgebiets verlor (vgl. ebd.: 5).

Innenpolitisch kam es während des 19. Jahrhunderts, oftmals angefacht durch Antipathie gegenüber den Ausländern, zu Aufständen und letztlich zerfiel 1911 die Qing-Dynastie und somit die kaiserliche Ordnung in China (vgl. ebd.: 5). In der Folge versank das Land schließlich im Bürgerkrieg und war massiver japanischer Aggression ausgesetzt (vgl. ebd.: 5). Laut Kaufman ist es nicht möglich, die Bedeutung dieser Periode für das chinesische Selbstbild überzubewerten (vgl. ebd.: 5):

> „The Opium War and all that followed were viewed, then and now, as marking an irrevocable break in China's historical trajectory. The events of this period marked China's abrupt transition from a powerful, proud, and unified state to one whose territory was 'carved up like a melon' [...] by foreign powers and whose army had been humiliated" (ebd.: 5).

Eine Einschätzung John K. Fairbanks[1] relativiert hingegen dieses Geschichtsverständnis, dass bereits der Opiumkrieg eine derartige historischen Zäsur in China konstituiert hätte:

> „The Western impact had begun small and grown gradually. It was not overwhelming in the early period. China came to be abjectly victimized only after 1894" (Fairbank 1968: 259).

Konfrontiert mit diesen Entwicklungen stellten sich die chinesischen Intellektuellen der späten Qing-Dynastie vor allem die Frage, worin der Grund für Chinas Schwäche, verglichen mit dem Westen, gelegen habe und wie das Land zu alter Stärke zurückkehren könne (vgl. Kaufman 2010: 6). In dem Versuch, die fremden Gesellschaften zu verstehen, studierten sie eine Vielzahl ausländischer Schriften über Themen wie Ökonomie oder politische Soziologie (vgl. ebd.: 6). Die Denker, bestrebt ein Verständnis über die Natur der internationalen Beziehungen ihrer Zeit zu gewinnen, vermischten dabei verschiedene Theorien aus dem In- und Ausland (vgl. ebd.: 7).

Das Ergebnis dieser theoretischen Auseinandersetzung war laut Kaufman erstens die Idee, dass die Menschheitsgeschichte durch eine „competitive

---

[1] John K. Fairbank (1907-1991) gilt als Begründer der *Chinese Studies* in den USA (vgl. ChinaFile 2014).

dynamic“ (ebd.: 7) vorangetrieben werde (vgl. ebd.: 7). Demnach sei der Wettbewerb zwischen Zusammenschlüssen von Menschen, inklusive des Nationalstaats, ein natürlicher Teil menschlicher Interaktion sowie ursächlich für Krieg und den Drang nach Expansion (vgl. ebd.: 7). Eine globale Ordnung, die von starken Staaten dominiert ist, sei aus Sicht der chinesischen Intellektuellen daher unvermeidlich gewesen (vgl. ebd: 7f.).[2] Mao Tse-tung wandelte diesen Gedanken später ab und postulierte, dass dieser Wettbewerb primär zwischen ideologischen Blöcken und nicht zwischen Nationalstaaten stattfinden würde (vgl. ebd. 8). Der zweite, nicht weniger bedeutsame Gedanke bestand nach Einschätzung Kaufmans in einem Bruch mit der traditionellen Annahme chinesischer Historiker, dass die Geschichte einem Zyklus aus Aufstieg und Verfall unterworfen wäre (vgl. ebd.: 8). An die Stelle dieses Fatalismus sei die Idee getreten, dass sich Staaten zwar der oben beschriebenen Dynamik nicht entziehen können, aber dennoch prinzipiell dazu befähigt sind, als ihres eigenen Glückes Schmied nach Dominanz zu streben (vgl. ebd.: 8).

Diese beiden Grundgedanken über die Gesetzmäßigkeiten internationaler Beziehungen führten laut Kaufman zu der Überzeugung, dass China zwar der Dynamik des internationalen Systems zum Opfer gefallen sei, aber dies nicht unveränderlich wäre und das Land seine Stellung im internationalen System sukzessive wieder verbessern könne (vgl. ebd.: 8f.). Zur Zeit der späten Qing-Dynastie habe sich daher immer mehr die Vorstellung durchgesetzt, dass Chinas einziger zukunftsträchtiger Weg in einer Erhöhung der Wettbewerbsfähigkeit des Landes liege (vgl. ebd. 10). Die erlebte Demütigung sei dabei ein frustrierendes aber letztlich unvermeidliches Resultat der damaligen Verhältnisse internationaler Ordnung gewesen (vgl. ebd.: 10).

Der Sieg der Kommunisten im Bürgerkrieg und Mao Tse-tungs Erklärung, dass China nun aufgestanden sei, gilt als Endpunkt des „Jahrhunderts der Demütigung“ (vgl. ebd.: 11). Nichtsdestotrotz blieb das Narrativ in den Augen Kaufmans prägend für chinesische Eliten und entwickelte sich zu

---

[2] Es besteht eine offensichtliche Ähnlichkeit zwischen diesen Gedanken über den Charakter internationaler Beziehungen und der Theorie des „Realismus“ von Hans J. Morgenthau (vgl. Morgenthau 1948: 13-18). Das damalige wettbewerbsorientierte Verständnis internationaler Beziehungen war daher auch ausschlaggebend für ein Interesse chinesischer Eliten an der „realistischen“ Theorie im 21. Jahrhundert (vgl. Kaufman 2010: 13).

einer Art mahnendem Beispiel (vgl. ebd.: 11). Demnach hätten die Erfahrungen während des „Jahrhunderts der Demütigung“ fortan die Rechtfertigung dafür gebildet, dass China in den ersten Jahrzehnten nach 1949 gegenüber anderen Nationen grundsätzlich misstrauisch und vorsichtig aufgetreten sei (vgl. ebd.: 11). Das erlebte Eindringen anderer Staaten in chinesisches Territorium begründe diesbezüglich Chinas Bewertung staatlicher Souveränität als höchstes Gut sowie das damit verbundene Prinzip der Nichteinmischung in innere Angelegenheiten (vgl. ebd.: 11). In der Konsequenz ist China laut Kaufman auf internationaler Ebene oft als isolationistisch wahrgenommen worden (vgl. ebd.: 11).

Die Tatsache, dass der Sieg der Kommunisten um Mao als Endpunkt des „Jahrhunderts der Demütigung“ gilt, verdeutlicht, dass der Souveränitätsverlust gegenüber ausländischen Mächten den eigentlich demütigenden Charakter des Narrativs ausmacht. Stünde die Lebenssituation der Chinesen im Vordergrund, könnte die Ära Chinas unter der Ägide Maos bestenfalls als Übergangsperiode definiert werden. Schließlich muss eine Bewertung seiner Regierungszeit, wie sie Walder in seiner Mao-Biografie (siehe Walder 2015) abschließend vornimmt, zu einem vernichtenden Urteil kommen:

> „AT THE TIME [Hervorhebung des Autors] of his death Mao had accomplished very little of what he hoped to achieve after the mid-1950s. His two major accomplishments – the establishment of a unified Chinese state and the installation of a socialist economy modeled after that of the Soviet Union were still basically intact. But both were severely damaged. Mao left China with a divided party organization riven by factional discord and a government that had yet to recover from the sustained assault of the past decade. The industrialization drive had stalled. Rural poverty was still widespread. Urban living standards had stagnated and in some respects had deteriorated. The university system was backward, and science and technology were decades behind world standards” (Walder 2015: 315).

Walder führt diese Situation explizit auf die verfehlte Politik Maos zurück:

> „Due to Mao’s initiatives, China had fallen increasingly behind other nations in its quest for development. Mao left a

> country that was backward and weak, having fulfilled few of the aspirations of the early 1950s […] Almost every one of Mao's interventions after 1956 put his initial accomplishments in jeopardy, generating outcomes that were both unanticipated and unwanted” (ebd.: 315).

Zudem musste die chinesische Bevölkerung für diese katastrophale Bilanz einen immensen Blutzoll entrichten. So starben während der durch den „Great Leap Forward“ (ebd.: 333) verursachten Hungersnot 30 Millionen Chinesinnen und Chinesen (vgl. ebd.: 333). Weitere ein bis zwei Millionen Menschen fielen Anfang der 1950er Jahre der Landreform und einer Kampagne zur Niederschlagung einer Gegenrevolution zum Opfer und 1,1 bis 1,6 Millionen Menschen starben im Zuge der Kulturrevolution zwischen 1966 und 1971 (vgl. ebd.: 334).

Das idealisierte und stark verzerrte Mao-Bild im China der Gegenwart unterscheidet sich daher nach Einschätzung Walders stark von dem der späten 1970er Jahre (vgl. ebd.: 343f.). Als Mao im September 1976 starb (vgl. ebd.: 288) habe er das Land in einer derart katastrophalen Situation hinterlassen, dass Maos Nachfolgern die Möglichkeit eines Richtungswechsels eröffnet wurde (vgl. ebd.: 341). Die positivste Folge von Mao Tse-tungs Regierungszeit mag es also ironischerweise sein, dass seine Politik derart offensichtlich fehlgeleitet war, dass Reformen alternativlos erschienen.

Auf Mao folgte Hua Guofeng, der mit einer Reformpolitik und der Öffnung des Landes begann (vgl. Vogel 2011: 191, 693). Tatsächlich realisiert wurde diese Öffnung Chinas aber erst unter seinem Nachfolger Deng Xiaoping, der 1978 die Macht übernahm und das Land bis 1992 führte (vgl. ebd.: 693, 696f.). Dengs Regierungszeit war geprägt von hohen Wirtschaftswachstumsraten sowie von einer starken Urbanisierung (vgl. ebd.: 703f., 713). So zogen unter seiner Ägide ungefähr 200 Millionen Menschen in die Städte (vgl. ebd.: 703f.). Ezra Vogel kommt in seiner Deng-Biografie zu dem Schluss, dass China erst unter Deng Xiaoping Teil der internationalen Gemeinschaft wurde (vgl. ebd.: 696). So wurde China Mitglied der Weltbank sowie des Internationalen Währungsfonds und bereits während der Regierungszeit Dengs wurde der Grundstein für den späteren Beitritt des Landes zur Welthandelsorganisation gelegt (vgl. ebd.: 696). Deng habe ebenfalls zentrale bilaterale Verhältnisse verbessert, einschließlich des ersten Besuchs eines chinesischen Führers in Japan und der Normalisierung der Beziehungen mit den USA, der Sowjetunion und Südkorea (vgl. ebd.: 714). Nach Einschätzung Vogels blieben die strukturellen Änderungen der Ära Deng auch während der Regierungszeit seiner Nachfolger in den zwei Folgejahrzehnten intakt (vgl. ebd.: 693).[3]

In den Augen Kaufmans war es durch Chinas intensivierte Beziehungen mit dem Ausland sowie wegen des Engagements in multilateralen Institutionen naheliegend, dass das Land offenbar eine größere Rolle auf dem internationalen Parkett einnehmen wolle (vgl. Kaufman 2010: 12). Kaufman arbeitete mehrere Sichtweisen chinesischer Eliten bezüglich des erstrebenswerten Charakters der Beziehungen zwischen China und dem Ausland heraus, die sich in der Interpretation des internationalen Systems sowie in der China zugedachten Rolle zum Teil stark unterscheiden (vgl. ebd.: 12). Sie vereine aber ihr Bezug auf das „Jahrhundert der Demütigung“:

> „All three use vocabulary and world views developed during the Century of Humiliation, and all start from the implicit premise that today's international system has not changed in its essence from the 19th century: the world is composed of strong and weak nation-states that vie for dominance on the global stage" (ebd.: 12).

Die Attraktivität des „Jahrhunderts der Demütigung“ als Erklärungsansatz auch gegenwärtiger chinesischer Politik ergibt sich also – neben der oben beschriebenen und diesem Zitat noch einmal klar hervortretenden Ähnlichkeit mit der Theorie des „Realismus“ – daraus, dass es sich um ein Narrativ handelt, welches seit der späten Qing-Dynastie kontinuierlich als Referenzpunkt für die Eliten Chinas dient. Zeitgleich zogen chinesische Intellektuelle und Staatsführer jedoch sogar innerhalb derselben historischen Perioden unterschiedliche Schlüsse aus diesem weitgehend einheitlichen Geschichtsverständnis. Ursächlich dafür ist, dass aus der Bezugnahme auf eine geschichtliche Erzählung keine einheitliche Interpretation der Gegenwart und der daraus abgeleiteten Ziele für die Zukunft resultieren muss.

---

[3] Herausforderungen, die auf Dengs Transformation Chinas zurückgehen sieht Vogel in der Frage nach dem Grad an Freiheit, die der chinesischen Bevölkerung ermöglicht werden solle (vgl. ebd.: 711f.) und bezieht sich dabei auch verharmlosend auf die „Tiananmen tragedy“ (ebd.: 712) von 1989. Zudem sei es unter Deng versäumt worden, der Korruption, insbesondere auf lokaler Ebene, entschieden entgegenzutreten (vgl. ebd.: 712).

Stattdessen ist diese Interpretation durch die Verhältnisse der entsprechenden Zeit sowie durch deren subjektives Verständnis geprägt. Das „Jahrhundert der Demütigung" ist zudem nicht als historisches Faktum zu definieren, sondern als Modell, das historische Tatsachen in einen übergeordneten Zusammenhang stellt und von den politischen Eliten Chinas paradigmenartig verwendet wird.[4] Doch wie nutzt der gegenwärtige chinesische Machthaber Xi Jinping das „Jahrhundert der Demütigung" und welche Zielsetzungen leitet er aus diesem Narrativ für das heutige China ab?

[4] Allerdings entbehrt dieses Geschichtsverständnis nicht jeglicher Grundlage, insbesondere hinsichtlich der historischen Periode zwischen dem Fall der Qing Dynastie und dem Ende des chinesischen Bürgerkriegs.

3. China unter Xi Jinping – Modernisierungsziele und ideologische Faktoren

Eine der ersten Amtshandlungen Xi Jinpings, nachdem er 2012 Generalsekretär der Kommunistischen Partei Chinas geworden war, bestand darin, den Ständigen Ausschuss des Politbüros zu einer Ausstellung im Chinesischen Nationalmuseum in Peking einzuladen (vgl. Rudd 2022: 14). Thema der Ausstellung, die den Titel „The Road to Rejuvenation" (ebd.: 14) trug, war „the perfidy of the Western imperial powers and Japan and the party's heroic response during China's '100 years of national humiliation'" (ebd.: 14). Xi nahm diese Veranstaltung zum Anlass einer Rede, in der er sein Verständnis der chinesischen Historie sowie die damit verbundenen Ziele für die Zukunft Chinas formulierte. So verkündete Xi, dass die Anstrengungen der Chinesen seit dem Opiumkrieg sehr gute Voraussetzungen zur „rejuvenation of the Chinese nation" (NPC 2021) geschaffen hätten (vgl. ebd.). Diese „Verjüngung" zu erreichen, beschrieb er als: „greatest dream of the Chinese people since the advent of modern times" (edb.). In diesem Kontext zieht der chinesische Staatspräsident folgende Lehre aus der Geschichte: „Reviewing the past, all Party members must bear in mind that backwardness left us vulnerable to attack, whereas only development makes us strong" (ebd.). Xi nutzt das Narrativ vom „Jahrhundert der Demütigung" demnach als historischen Beweis dafür, dass eine erfolgreiche Entwicklung Chinas insbesondere für die Sicherheit des Landes alternativlos ist.

Konkret stellte der Generalsekretär der Kommunistischen Partei Chinas mehrere Jahrhundertziele für sein Land auf (vgl. ebd.). So solle die chinesische Gesellschaft bis 2021, anlässlich des hundertjährigen Jubiläums der Kommunistischen Partei, eine „moderately prosperous society in all respects" (ebd.) geworden sein und sich bis 2049, zum hundertjährigen Bestehen der Volksrepublik, zu einem „modernen, sozialistischen Land" entwickelt haben, dem er die Attribute „prosperous, strong, democratic, culturally advanced and harmonious" (ebd.) zuordnet (vgl. ebd.). Seine Modernisierungszielsetzung definiert Xi also insbesondere wirtschaftlich durch die Schaffung von „Prosperität" sowie auf Basis von „Stärke" beziehungsweise Macht, wobei die Machtkomponente, wie sich im Folgenden zeigen wird, auch dezidiert in militärischer Hinsicht zu verstehen ist. Der chinesische Präsident verbindet die oben beschriebene „Alternativlosigkeit" der Entwicklung Chinas also mit dem Ziel, die Volksrepublik zu modernisieren. Dadurch dass der chinesische Präsident sein Modernisierungsziel mit den Lehren aus dem „Jahrhundert der Demütigung" verbindet, legitimiert er diese Zielsetzung nicht nur, sondern lädt sie zudem noch emotional auf. Xi schließt seine Rede mit den Worten „and the dream of the rejuvenation of the Chinese nation will then be realized" (ebd.). Der „Traum von der Verjüngung der chinesischen Nation" beschreibt also kein demographisches Projekt, sondern fungiert als Überbegriff für eine von Xi angestrebte Modernisierung der Volksrepublik.

Neben den wirtschaftlichen Modernisierungszielen legt Xi offenbar auch großen Wert auf die Stärkung der chinesischen Armee. So sprach der Generalsekretär im Rahmen seines Berichts vor dem 19. Nationalkongress der Kommunistischen Partei Chinas im Jahr 2017 vom „trend of a new global military revolution" (Xi 2017a: 48) sowie weiteren Imperativen im Kontext Nationaler Sicherheit (vgl. ebd.: 48) und erklärte: „we will upgrade our military capabilites" (ebd.: 48). In diesem Zusammenhang stellte Xi drei Meilensteine auf: So sollen die Streitkräfte bis 2020 grundsätzlich mechanisiert, bis 2035 grundsätzlich modernisiert und bis zur Jahrhundertmitte in „world-class forces" (ebd.: 48) transformiert worden sein (vgl. ebd.: 48). Im 14. chinesischen Fünfjahresplan von 2021 wird zudem ein weiteres Jahrhundertziel[1], der Aufbau des Militärs[2] bis 2027 formuliert (vgl. Xinhua News Agency 2021a: 130f.). Dies gab Anlass zu Spekulationen, dass China die oben genannte grundsätzliche Modernisierung der Streitkräfte bis 2035 auf das Jahr 2027 vorgezogen habe (vgl. Hart et al. 2021: 9). Plausibler ist jedoch laut Hart et al., dass es sich dabei lediglich um einen Ersatz für das 2020 erreichte[3] kurzfristige Ziel grundsätzlicher Mechanisierung handelte und somit die Struktur eines dreigliedrigen militärischen Entwicklungsplans mit Meilensteinen in den Jahren 2027[4], 2035 und zur Jahrhundertmitte beibehalten werden könne (vgl. Hart et al. 2021: 9).

Das zentrale Element der langfristigen wirtschaftlichen und militärischen Ziele Xi Jinpings besteht also in einer umfassenden Modernisierung der

[1] 1927 wurde der Vorläufer der chinesischen Armee, offiziell „People's Liberation Army (PLA)" (Xinhua News Agency 2021a: 131), gegründet (vgl. ebd.: 131).
[2] In der Übersetzung wird von: „building a [modernized] [Hervorhebung des Übersetzers] military" (Xinhua News Agency 2021a: 131) gesprochen.
[3] (vgl. PLA Daily 2020 zit. nach Hart et al. 2021: 9).
[4] Statt 2020.

Volksrepublik und einem Anschluss Chinas an die Weltspitze. Xi setzt die Realisierung dieser Entwicklungsperspektiven mit einem Erstarken der Volksrepublik gleich, wohingegen das Ausbleiben dieser Entwicklung China verwundbar machen würde und sieht diese Einschätzung in der chinesischen Historie beziehungsweise dem „Jahrhundert der Demütigung“ bestätigt. Der chinesische Staatspräsident legitimiert seine Modernisierungsziele also insbesondere auch durch nationale Sicherheitsinteressen, die er mit Bezugnahme auf dieses Narrativ legitimiert und emotional auflädt. Die richtige Antwort auf diese historischen Lehren und die daraus resultierende Gefahr ist laut Xi die erfolgreiche Modernisierung Chinas zur Mitte des 21. Jahrhundert beziehungsweise die Realisierung des „Traums von der Verjüngung der chinesischen Nation“.

Bei dieser gleichzeitigen Betrachtung der wirtschaftlichen und militärischen Entwicklung Chinas rückt zwangsläufig die sogenannte „military-civil fusion (MCF)“ (Kania/Laskai 2021: 4) in den Fokus. Dabei handelt es sich laut Elsa B. Kania und Lorand Laskai um eine chinesische Initiative zur Verbesserung des Zusammenwirkens von Chinas zivilen Wirtschaftsunternehmen und der Verteidigungsindustrie des Landes (vgl. ebd.: 4):

> „MCF aims to promote deeper integration of China's civilian and defense economies and their respective technological ecosystems. This effort is intended to create and leverage synergies between economic development and military modernization, allowing the defense and commercial enterprises to collaborate and synchronize their efforts through the sharing of talent, resources, and innovation" (ebd.: 4).

Die Strategie sei in den USA vermehrt Gegenstand politischer Diskussion geworden, auch wenn die Autoren Kania und Laskai im Rahmen einer Analyse für das *Center for A New American Security* hervorhoben, dass der Erfolg der Initiative keineswegs gesichert sei und die „Fusionierung“ bislang lediglich ein ambitioniertes Ziel Chinas darstelle (vgl. ebd.: 4). Außerdem handele es sich bei *MCF* nicht um ein neuen Vorstoß Xi Jinpings (vgl. ebd.: 6). So versuche der chinesische Staatspräsident die Integration des zivilen und militärischen Bereichs zwar voranzutreiben, allerdings sei Xi selbst nicht Urheber der Strategie (vgl. ebd.: 6f). Vielmehr habe die *MCF*-Strategie eine lange und größtenteils erfolglose Geschichte in China, die sich bis in die 1980er Jahre zurückverfolgen ließe (vgl. ebd.: 6f.). Laut

Kania und Laskai ist das fortwährende Interesse der chinesischen Regierung an *MCF* also Ausdruck einer systematischen Schwäche der Volksrepublik (vgl. ebd.: 7).

Nach der obigen Erläuterung der zentralen wirtschaftlichen und militärischen Modernisierungsziele Chinas unter Xi, die offenbar auch nicht voneinander zu trennen sind, erscheint eine nähere Betrachtung der Ideologie des chinesischen Staatspräsidenten sinnvoll. Schließlich wirft insbesondere Xis Verwendung des Sozialismusbegriffes im Rahmen des 2049-Ziels zwangsläufig die Frage auf, welche Bedeutung der chinesische Staatsführer diesem Begriff zumisst. Diesbezüglich liefert eine weitere seiner Reden mit dem Titel „Uphold and Develop Socialism with Chinese Characteristics" (siehe Xi 2019) aus seiner frühen Amtszeit Aufschluss, die Xi am 5. Januar 2013 vor dem Zentralkommittee der Kommunistischen Partei hielt (vgl. Xi 2019). Darin definiert Xi den „Sozialismus mit chinesischen Charakteristika" (SCC) zunächst wenig konkret durch das angestrebte 2049-Ziel: „The program of socialism with Chinese characteristics is, in a nutshell, to build a prosperous, strong, democratic, civilized, modernized and harmonious socialist country" (ebd.). Nur der SCC könne China erfolgreich entwickeln (vgl. ebd.). Besonders hervorzuheben ist allerdings Xis Blick auf den Zusammenbruch der Sowjetunion, der einen starken Eindruck auf ihn hinterlassen zu haben scheint:

> „Why did the Soviet Union disintegrate? Why did the Communist Party of the Soviet Union fall to pieces? An important reason is that in the ideological domain, competition is fierce! To completely repudiate the historical experience of the Soviet Union, to repudiate the history of the CPSU, to repudiate Lenin, to repudiate Stalin was to wreck chaos in Soviet ideology and engage in historical nihilism. It caused Party organizations at all levels to have barely any function whatsoever. It robbed the Party of its leadership of the military. In the end the CPSU – as great a Party as it was – scattered like a flock of frightened beasts! The Soviet Union – as great a country as it was – shattered into a dozen pieces. This is a lesson from the past!" (ebd.).

Im Zusammenhang mit diesen Ausführungen über die zu ziehenden Lehren aus dem Zusammenbruch der Sowjetunion warnt Xi vor feindlich gesinnten Mächten innerhalb sowie außerhalb Chinas, die es sich zum Ziel gemacht hätten, die „chinesische Revolution" beziehungsweise *New China* in Verruf zu bringen (vgl. ebd.). Ihre Absicht wäre demnach, die chinesische Bevölkerung zu verwirren und zum Sturz der Kommunistischen Partei Chinas sowie des sozialistischen Systems beizutragen (vgl. ebd.).[5] Auch die Parteikader sollen laut Xi auf die marxistische Parteilinie gebracht werden, deren Grundideen der Generalsekretär kryptisch definiert: „Liberate your mind. Seek truth from facts. Keep pace with the times. This is the living soul of Marxism" (ebd.). Xi betont, dass einige Parteimitglieder schwach im Glauben seien und mahnt an, das Endziel – das kommunistische Ideal – nicht aus den Augen zu verlieren, auch wenn der Sozialismus noch lange in seiner ersten Phase neben einem produktiveren kapitalistischen System existieren werden würde (vgl. ebd.). Diesbezüglich spricht Xi von einer „long period of cooperation and conflict" (ebd.).

2018 wurde der SCC durch einen Verfassungszusatz um den sogenannten „Xi Jinping Thought on Socialism with Chinese Characteristics for a New Era" (siehe Xinhua 2018) erweitert. Teil dieser „Gedanken" Xis sind acht grundlegende „Themen" und 14 „Prinzipien" (vgl. ebd.), von denen einige, wie etwa das „Prinzip" „Ensuring harmony between humans and nature" (ebd.) wenig aussagekräftig beziehungsweise chinaspezifisch sind. Bedeutsam ist hingegen ein „Thema" Xis, in dessen Rahmen er die Führerschaft durch die Partei als „defining feature of socialism with Chinese characteristics and the greatest strength of the system of socialism with Chinese characteristics" (ebd.) ausmachte. Analog dazu lautet Xis erstgenanntes „Prinzip": „Ensuring Party leadership over all work" (ebd.).

Xi Jinping scheint im Marxismus also insbesondere einen Schutzschild gegen schädliche Einflüsse auf die Partei zu sehen, dessen Führerschaft er im Rahmen des SCC selbst zum politischen Programm erhebt. Die Zentralität dieser Führerschaft bekräftigte Xi daher auch in seiner Rede zum Jahr-

[5] In diesem Kontext gesteht Xi allerdings ebenfalls große historische Fehler der Kommunistischen Partei, wie etwa im Zusammenhang mit der Kulturrevolution, ein (vgl. ebd.)

hundertjubiläum[6] der Kommunistischen Partei im Jahr 2021 (vgl. Xi 2021).[7] In derselben Rede mahnte Xi ebenfalls an, die hervorgehobene Position des Generalsekretärs in der Partei sowie im Zentralkommittee aufrechtzuerhalten (vgl. ebd.).

Eine Definition des Sozialismusverständnisses Xi Jinpings gestaltet sich demnach schwierig, da Xi diesbezüglich vage bleibt. Ein wesentlicher Kern von Xis SCC scheint aber in der oben beschriebenen Führerschaft durch die Kommunistischen Partei zu bestehen, an deren Spitze er selbst steht. Die Bewahrung der Machtposition der Partei in China und die damit verbundene Aufrechterhaltung seiner eigenen Position in der Funktion des Generalsekretärs bildet also einen zentralen Teil der Sozialismuskonzeption Xi Jinpings. Xis Fokus auf die herausragende Stellung der Kommunistischen Partei in seinen ideologischen Ausführungen ist dementsprechend auch mit seinem eigenen Selbsterhaltungstrieb verbunden und kann daher keine bloße Rhetorik darstellen. Insbesondere im Kontext seiner oben zitierten Warnung vor dem Schicksal der sowjetischen Kommunisten wird die Furcht Xis vor einem potenziellen Zusammenbruch der Kommunistischen Partei Chinas deutlich. Es ist anzunehmen, dass diese Furcht Xis auch eng mit der Frage verknüpft ist, welches Schicksal den Generalsekretär der Partei im Falle ihres Machtverlustes ereilen würde. Unklar ist allerdings, ob Xi Jinpings Bekenntnis zur Theorie des Marxismus und zum Endziel des Kommunismus seiner persönlichen Überzeugung entspricht oder primär dem Machterhalt seiner Partei und damit letztlich ihm selbst dient.

---

[6] Bei dieser Gelegenheit erklärte Xi das oben beschriebene erste Jahrhundertziel, eine „moderately prosperous society in all respects“ (vgl. Xi 2021) zu realisieren, als erfüllt (vgl. ebd.).

[7] Auch auf die „historische Demütigung“ und den daraus folgenden „Verjüngungstraum“ nahm Xi wieder Bezug: „The Chinese nation is a great nation. With a history of more than 5,000 years, China has made indelible contributions to the progress of human civilization. After the Opium War of 1840, however, China was gradually reduced to a semi-colonial, semi-feudal society and suffered greater ravages than ever before. The country endured intense humiliation, the people were subjected to great pain, and the Chinese civilization was plunged into darkness. Since that time, national rejuvenation has been the greatest dream of the Chinese people and the Chinese nation” (ebd.).

Kevin Rudd beschreibt in einem Aufsatz in den *Foreign Affairs* das Weltbild Xi Jinpings als Vermischung von „ideological purity with technocratic pragmatism“ (Rudd 2022: 10). Rudd charakterisiert Xi als marxistisch-leninistisch sowie als dialektischen Materialisten (vgl. ebd.: 11). Der Marxismus-Leninismus beinhalte die Idee, dass Fortschritt in der Geschichte zwangsläufig durch Klassenkampf vorangetrieben würde, während im Rahmen des dialektischen Materialismus theoretisiert werde, dass politische Veränderungen durch aufeinandertreffende Widersprüche und deren Auflösung geprägt seien (vgl. ebd.: 11). Joseph Torrigan merkte hingegen an, dass insbesondere leninistische Regime wie China eine *black box* bestehend aus autoritärer Politik seien, deren ideologische Komponente Beobachter von außen traditionell falsch eingeschätzt hätten (vgl. Torrigan 2022: 310).

Schließlich ist es ohnehin nicht möglich, die wahre ideologische Gedankenwelt Xi Jinpings zu ergründen. Allerdings ist dies auch nicht zwangsläufig notwendig, denn selbst falls Xis Marxismus aus purem Machtkalkül vorgeschoben sein sollte, ist dieser dennoch prägend für das China der Gegenwart, da sich wie oben dargestellt insbesondere die Parteikader daran messen lassen müssen. Der Machtmensch Xi Jinping trat zuletzt im Oktober 2022 auf dem 20. Parteitag der Kommunistischen Partei Chinas deutlich hervor. Dort konnte sich der Generalsekretär entgegen der Tradition eine dritte fünfjährige Amtszeit sichern und den siebenköpfigen Ständigen Ausschuss des Politbüros[8] ausschließlich mit Personen besetzen, die ihm treu ergeben sind (vgl. Yew/Munroe 2022). Er benannte zudem keinen designierten Nachfolger (vgl. ebd.).[9]

Der Generalsekretär nahm in seinem Parteitagsbericht auf einige der oben dargestellten Punkte Bezug. Das Land befände sich nach wie vor noch in der ersten Phase des Sozialismus, müsse sich noch stark transformieren und das Hauptziel sei nach wie vor die Realisierung des oben genannten zweiten Jahrhundertziels von China als „modernem sozialistischen Land“ beziehungsweise die „Verjüngung der chinesischen Nation an allen Fronten“ (vgl. Xi 2022). China stehe „firmly on the right side of history” (ebd.).

---

[8] Dabei handelt es sich um das „höchste [...] Führungsorgan der Kommunistischen Partei“ (Kamp 2022).

[9] Aufgrund dieses erfolgreichen politischen Coups wird Xi Jinping inzwischen auch als „the country's most powerful ruler since Mao Zedong“ (ebd.) bezeichnet.

Zudem hat die „Wiedervereinigung“ Taiwans[10] mit dem chinesischen Festland laut Xi ungebrochen höchste Priorität und China würde sich in dieser Sache auch die Anwendung von Gewalt vorbehalten, auch wenn friedliche Mittel vorzuziehen wären (vgl. ebd.). In seiner Neujahresansprache für das Jahr 2024 betonte Xi die Unausweichlichkeit dieser „Wiedervereinigung“, auch wenn er damit keine zeitliche Zielsetzung verband:

> „China will surely be reunified, and all Chinese on both sides of the Taiwan Strait should be bound by a common sense of purpose and share in the glory of the rejuvenation of the Chinese nation” (Xi 2023).

Das Vorhaben einer „Wiedervereinigung“ mit Taiwan gilt neben dem weiter oben[11] beschriebenen Wohlstandsversprechen als zentrale Legitimationsquelle der Kommunistischen Partei (vgl. Braml/Burrows 2023: 78).

Analog zu diesem Versprechen von Wohlstand postulierte Xi in seinem Parteitagsbericht 2022, dass der hauptsächliche Widerspruch[12] in der unausgeglichenen sowie inadäquaten Entwicklung der chinesischen Gesellschaft und in der Forderung der Bevölkerung nach einem besseren Leben liegen würde (vgl. Xi 2022). Im Kontext dieser Unausgeglichenheit und Inadäquanz spricht Xi von vielen *bottlenecks*, welche die hochqualitative Entwicklung einschränken würden und von einer noch zu niedrigen Fähigkeit Chinas zu wissenschaftlicher und technologischer Innovation (vgl. ebd.). Dabei bezieht er sich auf Kernpunkte der sogenannten *Made in China 2025*-Initiative, ohne diese aber explizit zu nennen.

---

[10] Eine nähere Betrachtung der Taiwan-Frage, insbesondere im Kontext des sinoamerikanischen „Chip Wars“, erfolgt in Kapitel 6.

[11] Siehe Seite 17f. Der Ausdruck „siehe Seite“ in einer Fußnote bezieht sich im Folgenden stets auf die jeweilige Seite in der vorliegenden Arbeit.

[12] Im Sinne des oben erläuterten „dialektischen Materialismus“.

4. Chinas digitale Pläne

4.1 Made in China 2025 (MIC25)

Am 8. Mai 2015 veröffentlichte der Staatsrat der Volksrepublik China ein Dokument mit dem Titel *Made in China 2025 (MIC25)*, welches sich an die Regierungen sämtlicher chinesischer Provinzen und autonomen Regionen sowie an alle Ministerien und Kommissionen des Staatsrats richtete (vgl. PRC State Council 2022: 1). Der erste Satz der *MIC25*-Publikation beginnt mit der Feststellung, dass das Herstellungswesen die Basis von Nation und Weltmachtstatus sowie ein Mittel der „Verjüngung" sei (vgl. ebd.: 1f.). Diese Feststellung wird weiter konkretisiert mit den Worten:

> „Since the beginning of industrial civilization in the middle of the 18th century, the history of the rise and fall of world powers and the history of the struggle of the Chinese nation has repeatedly proved that without a strong manufacturing industry, there will be no country and no nation. Building an internationally competitive manufacturing industry is the only way China can enhance its comprehensive national strength, ensure national security, and build itself into a world power" (ebd.: 2).

Analog zu dieser Auffassung der chinesischen Führung hob auch Dan Wang im Rahmen eines 2023 in den *Foreign Affairs* erschienen Aufsatzes die überragende Bedeutung der chinesischen Fertigungsindustrie hervor, insbesondere im Kontext des technologischen Fortschritts:

> „Instead, the most important factor in China's burgeoning tech industries is its manufacturing ecosystem. Over the past two decades, China has developed an unrivaled production capacity for tech-intensive industries, one that is characterized by a deep labor pool, dense clusters of suppliers, and extensive government support." (Wang 2023: 70f.).

Wang beschreibt *MIC25* demnach als: „sweeping policy framework aimed at lifting China's manufacturing base from labor-intensive industries to high-technology sectors" (ebd.: 71).

Die Betonung der Bedeutung chinesischer Vergangenheit im Rahmen von *MIC25* ist nicht untypisch für die chinesische Führung und spielt, wie im

Rahmen von Kapitel 3 bereits festgestellt wurde, insbesondere auch bei Xi Jinpings Ziel vom „Traum von der Verjüngung der chinesischen Nation“ eine zentrale Rolle. Auch wenn das „Jahrhundert der Demütigung“ im Rahmen von *MIC25* nicht explizit genannt wird, ist dieses Narrativ sicherlich in der Formulierung „the history of the struggle of the Chinese nation“ (PRC State Council 2022.: 2) inkludiert. Ebenfalls im Sinne Xis wird *MIC25* in einen Zusammenhang mit dem 2049-Ziel beziehungsweise dem „Verjüngungstraum“ gestellt. So solle China bis 2049 ein „manufacturing powerhouse that leads the development of the global manufacturing industry” (ebd.: 2) geworden sein. Dieses Ziel wird verbunden mit der Aufforderung: „lay a solid foundation for realizing the Chinese Dream [...] of the great rejuvenation of the Chinese nation“ (ebd.: 2). Analog dazu wird *MIC25* definiert als zehnjähriger Aktionsplan zur Implementierung einer *manufacturing powerhouse strategy* (vgl. ebd.: 2).

Auf die historische Legitimierung gegenwärtiger Politik folgt die Standortbestimmung, dass Chinas Fertigungsindustrie zwar groß, aber nicht stark sei, da die Fähigkeit zu unabhängiger Innovation nur gering ausgeprägt wäre und bei zentralen Technologien sowie bei der Verfügbarkeit von *high-end equipment* eine erhebliche Abhängigkeit vom Ausland bestünde (vgl. ebd.: 4). Chinas Industrie stehe daher vor einem „two-way squeeze“ (ebd.: 3) durch Industrie- und Entwicklungsländer (vgl. ebd.: 3). Laut einer Analyse des *Mercator Institute for China Studies (MERICS)* ist das Ziel hinter *MIC25* daher vor diesem Hintergrund zweigeteilt (vgl. Wübbeke et al.: 16f.). So wolle China die entwickelten Länder ökonomisch herausfordern und selbst zu einem Industriestaat mit starkem Produktionssektor wie Deutschland[1] oder Japan werden (vgl. ebd.: 16f.). Zeitgleich lege die chinesische Regierung Wert darauf, nicht in den *low-value industries* von Entwicklungsländern überflügelt zu werden und suche daher etwa in der Textilindustrie durch Automatisierung und Digitalisierung den Status als „Weltfabrik“ zu erhalten (vgl. Wübbeke et al. 2016: 16f.; vgl. MIIT 2016 zit. nach Wübbeke et al.: 17).

Der Kernpunkt von *MIC25* ist demnach die Förderung „bahnbrechender“ Entwicklung in zentralen Bereichen wie der „New generation IT industry“

---

[1] Die deutsche Strategie „Industrie 4.0“ gilt als Inspirationsquelle für *MIC25* (vgl. ebd.: 17).

Herstellungssektors als Ziel definiert (vgl. ebd.: 28). Im Detail soll eine Reform der Mehrwertsteuer umgesetzt werden und das System zur Berechnung und Prüfung der Ausgaben für Forschung und Entwicklung dahingehend überarbeitet werden, dass die von Produktionsunternehmen getragene Steuerlast reduziert werde (vgl. ebd.: 29). Schließlich sei es das Ziel, ein "favorable policy environment for the development of the manufacturing industry" (ebd.: 29) zu schaffen.

2019 gab *MERICS* eine aktualisierte Einschätzung zu *MIC25* heraus (siehe Zenglein/Holzmann 2019). Im Rahmen der Neubewertung stellen die Autoren fest, dass China nach wie vor einer Gefahr durch die sogenannte mittlere Einkommensfalle ausgesetzt ist (vgl. Zenglein/Holzmann 2019: 19). Dabei handele es sich – in Analogie zum oben beschriebenen „two-way squeeze" – um die Beschreibung eines Phänomens, dem Länder zum Opfer fallen, welche durch steigende Lohnkosten nicht mehr in einen Wettbewerb mit Entwicklungsländern treten können, gleichzeitig aber durch Defizite im Bereich Produktivität und Innovation noch nicht mit den Industriestaaten konkurrenzfähig sind (vgl. ebd.: 19). Zusätzlich dazu sei die Kommunistische Partei auf eine positive wirtschaftliche Entwicklung des Landes angewiesen, um ihre sich graduell verstärkende Politik staatlicher Kontrolle zu legitimieren (vgl. ebd.: 19). Falls die Herangehensweise der Kommunistischen Partei allerdings von Erfolg gekrönt wäre, könnten laut Zenglein und Holzmann auch andere Länder dieses staatlich geprägte alternative Wirtschaftsmodell nachahmen wollen (vgl. ebd.: 20).

Die Verfasser der *MERICS*-Studie weisen allerdings darauf hin, dass sich eine Bewertung von *MIC25* als schwierig darstellt, da eine Vielzahl individueller Ziele, wie etwa die Erreichung bestimmter Marktanteile oder eine Patentquote pro Umsatz, Teil des Vorstoßes sind (vgl. ebd.: 21). Im Bereich 5G habe China beispielsweise 2019 schon gut dagestanden (vgl. ebd.: 21). Erhebliche Defizite sehen die *MERICS*-Analysten allerdings bei der Entwicklung heimischer Grundlagentechnologie, vor allem im Hinblick auf hochentwickelte Halbleiter (vgl. ebd.: 21). Im Laufe der Jahre sei zudem deutlich geworden, dass sich China im Rahmen von *MIC25* vor allem auf Bereiche fokussiere, die im Zusammenhang mit den digitalen und *High-Tech*-Zielen des Landes stehen (vgl. ebd.: 21). Der Fokus liege dabei insbesondere auf der Entwicklung von *smart manufacturing* und Künstlicher Intelligenz (vgl. ebd.: 22). Nichtsdestotrotz sei China nach wie vor auf den Import von *High-Tech*-Komponenten und -Maschinen angewiesen (vgl. ebd.: 24). Diese Abhängigkeit vom Ausland bezeichnen die Autoren von *MERICS* als „major bottleneck for national tech ambitions“ (ebd.: 24).[6] Weiter beschäftige sich Peking mit der Frage, wie der Einfluss des Landes auf internationale Standardisierung zu erhöhen sei, und in diesem Kontext nahm die *Chinese Academy of Engineering* im März 2018 ihre Arbeit an einem Aktionsplan mit dem Titel *China Standards 2035* auf (vgl. ebd.: 30).[7]

Im Oktober 2021 wurde daher ein Dokument mit dem Titel „National Standardization Development Outline“ (siehe Xinhua News Agency 2021b) vom Zentralkommittee der Kommunistischen Partei und dem Staatsrat veröffentlicht, welches diese Standardisierungsbestrebungen der Volksrepublik China widerspiegelt und[8] auch eine zeitliche Zielsetzung beinhaltet (vgl. Xinhua News Agency 2021b: 1ff.). So solle bis 2035 ein „robusteres“ System von Standards[9], die explizit auch weltweit kompatibel sind, bestehen (vgl. Xinhua News Agency 2021b: 2). Das Management des Standardisierungssystems soll zudem „chinesische Charakteristika“ aufweisen (vgl. ebd.: 2) sowie „market-driven and government-guided“ (ebd.: 2) sein. Vor allem in zentralen Technologiebereichen[10] müsse die Standardentwicklung vorangetrieben werden (vgl. Xinhua News Agency 2021b: 3). Weiter wird die aktive Teilnahme der Volksrepublik China am internationalen *standard setting* als Mitglied der Internationalen Organisation für

---

[6] Der Begriff des *bottlenecks* findet sich auch in der Parteitagsrede Xi Jinpings von 2022 (siehe Seite 24).

[7] Die Thematik des chinesischen Engagements bei der Festlegung technologischer Standards wird in Kapitel 5 genauer beleuchtet.

[8] Offenbar typisch für Papiere dieser Art.

[9] Zur Definition und Relevanz von Technologie-Standards: „By definition, technical standards are neither laws nor legally-binding state regulations. Instead, technical standards are the result of negotiations among private companies and associations. In a word, technical standards are the result of voluntary private self-regulation. However, technical standards are voluntary on paper only; they are enormously powerful in practice and it is difficult to circumvent them by noncompliance. Products that do not comply with a standard can hardly be sold on the world markets because they only work isolated and not in concert with other products. Furthermore, technical standards are frequently referenced in legally binding national regulations” (Rühlig 2020a.: 8).

[10] In diesem Kontext wird als erstes Beispiel Künstliche Intelligenz genannt (vgl. ebd.: 3).

Standardisierung thematisiert (vgl. ebd.: 9). Besonders hervorzuheben ist, dass eine Kooperation mit *Belt-and-Road*-Staaten auf dem Gebiet der Standardisierung angestrebt wird, wie auch eine Vertiefung des Dialogs zu dieser Thematik zwischen BRICS-Staaten und in der Asiatisch-pazifischen Wirtschaftsgemeinschaft (vgl. ebd.: 9). Im darauffolgenden Halbsatz werden ebenfalls Kooperationen im Standardisierungsbereich mit allen anderen Weltregionen als Ziele definiert (vgl. ebd.: 9).

MIC25 existiert allerdings nicht in einem Vakuum, sondern wurde in der Vergangenheit selbst zum Gegenstand politischer Auseinandersetzung. So wird in der *MERICS*-Studie von 2019 darauf hingewiesen, dass sich die Art und Weise, wie chinesische Regierungsvertreter über *MIC25* kommunizieren mit der Zeit veränderte und diesbezüglich auf einen *Reuters*-Bericht verwiesen (vgl. Zenglein/Holzmann 2019: 29, vgl. Martina et al. 2018). So hätten Chinas Entscheidungsträger aus ihren Zielen im Zusammenhang mit *MIC25* anfänglich keinen Hehl gemacht und seien von der Kritik und dem Widerstand aus dem Ausland überrascht worden (vgl. Zenglein/Holzmann 2019: 29). Der damalige US-Präsident Donald Trump erließ etwa Zölle auf chinesische Waren im Wert von 50 Milliarden US-Dollar, die am 6. Juli 2018 in Kraft traten (vgl. Martina et al. 2018). Diese Maßnahme Trumps hatte laut Martina et al. insbesondere auf Artikel abgezielt, die in einem Zusammenhang mit *MIC25* standen (vgl. ebd.). In dem Bericht von *Reuters* wurde dazu angemerkt, dass Chinas staatliche Nachrichtenagentur, *Xinhua*, die Publikation seit dem 5. Juni 2018 plötzlich nicht mehr erwähnte (vgl. ebd.). Drei Journalisten der Staatsmedien hätten *Reuters* mitgeteilt, dass entsprechende Anweisungen ergangen seien (vgl. ebd.). In einer Rede vom 28. Mai 2018 habe sich Xi Jinping zwar noch auf wesentliche Eckpunkte der Veröffentlichung bezogen, *MIC25* aber ebenfalls nicht mehr explizit genannt (vgl. ebd.). Die *MERICS*-Analysten heben zudem hervor, dass sich analog dazu auch in chinesischen Publikationen inzwischen einer anderen Wortwahl bedient wird:

> „Trigger words such as ‘MIC25’ […] and ‘self-sufficiency rate’ […], considered indicative of China’s efforts to replace foreign products and tech with ‘Made in China’ substitutes, were largely dropped from policy papers and economic target-setting“ (Zenglein/Holzmann 2019: 29).

Dieses öffentliche Herunterspielen von *MIC25* wird von Zenglein und Holzmann allerdings als „tactical move" (ebd.: 8) charakterisiert, denn die eigentliche Strategie werde nach wie vor verfolgt (vgl. ebd. 29f.). Dadurch verkompliziert sich eine Bewertung von *MIC25* im Hinblick auf die Effektivität der Initiative, welche allein aufgrund ihres Umfangs eine Herausforderung darstellen würde. So gilt das mit dem Plan zusammenhängende Investitionsvolumen als kaum bezifferbar, da eine Vielzahl verschiedener Finanzierungsmechanismen verwendet wird (vgl. ebd.: 44). Lediglich annäherungsweise kann diesbezüglich angeführt werden, dass im März 2018 1.800 Industrie-Investmentfonds mit einem Volumen von insgesamt drei Billionen CNY[11] existiert haben sollen (vgl. Liu 2018 zit. nach Zenglein/Holzmann 2019: 45). Als Geldgeber fungieren vor allem Lokalregierungen, Staatsunternehmen und -banken, auch wenn eine Übertreibung der zur Verfügung gestellten Summen nicht unüblich ist (vgl. Zenglein/Holzmann 2019: 45). Zenglein und Holzmann schätzen jedoch, dass die Investitionssumme im Bereich hunderter Milliarden US-Dollar anzusiedeln sein muss (vgl. ebd.: 12).

Dennoch nahmen Lee G. Branstetter und Guangwei Li vom *National Bureau of Economic Research* 2022 den Versuch einer Bewertung von *MIC25* vor (siehe Branstetter/Li 2022). Methodisch suchten die Autoren in allen Jahresberichten gelisteter chinesischer Firmen von 2015 bis 2018[12] nach Nennungen von *MIC25* (vgl. ebd.: Branstetter/Li 2022: 6). Die entsprechenden Unternehmen definieren Branstetter und Lee als von der Strategie begünstigt (vgl. ebd.: 6). Im Zuge ihrer Bewertung kommen die Autoren zu dem Schluss, dass zwar das Verhältnis zwischen Forschung beziehungsweise Entwicklung und dem Verkaufsvolumen der begünstigten Unternehmen verbessert war, andere Faktoren wie die Produktivität der Arbeit oder die Profitmarge jedoch nicht beeinflusst wurden (vgl. ebd.: 6). Allerdings ist es fraglich, ob neben dem offensichtlichen methodischen Defizit der Studie, sich ausschließlich auf die Selbstauskunft der Unternehmen zu verlassen, eine solche gesamtheitliche Sichtweise zielführend sein

---

[11] Das entspricht damals wie heute knapp 400 Milliarden Euro (vgl. Finanzen.net 2023).

[12] 2018 wurde als Endpunkt der Betrachtung definiert, da Branstetter und Li seitdem eine deutlich geringere Nennung des Ausdrucks feststellten, wofür sie in Übereinstimmung mit den oben genannten Feststellungen den Handelskrieg mit den USA verantwortlich machen (vgl. Branstetter/Li 2022: 6).

kann. Die Verfasser der *MERICS*-Studie von 2016 gehen etwa davon aus, dass MIC25 sein volkswirtschaftliches Ziel zwar verfehlen wird, aber dafür wahrscheinlich erfolgreich beim Aufbau einer kleinen Gruppe nationaler *Champions* sein wird (vgl. Wübbeke et al. 2016: 22).

Bei *MIC25* handelt es sich also um eine zentrale Strategie der Volksrepublik zur Stärkung ihres Herstellungssektors durch Modernisierung unter Einsatz immenser finanzieller Ressourcen aus staatlichen Mitteln. In den Augen der chinesischen Führung bildet die Industrie das Fundament des chinesischen Staats, weshalb die Realisierung von *MIC25* auch als grundlegend für die Erreichung der übergeordneten wirtschaftlichen Modernisierungsziele Xi Jinpings beziehungsweise für seinen „Traum von der Verjüngung der chinesischen Nation" zu charakterisieren ist. Unter Berücksichtigung des Ausmaßes von *MIC25* sowie im Hinblick auf die Bedeutung, die der Realisierung der entsprechenden Ziele von chinesischer Seite zugemessen wird, ist es demensprechend auch nicht plausibel anzunehmen, dass die Strategie durch internationalen Widerstand insbesondere der USA ad acta gelegt wurde. Eine weitere Grundüberzeugung der chinesischen Regierung, die sich aus *MIC25* ergibt, ist die Notwendigkeit der Reduzierung von Auslandsabhängigkeiten bei der für die industrielle Transformation notwendigen Kapazitäten.

Mittel der Wahl zur Realisierung von *MIC25* ist dabei einerseits die massive staatliche Subventionierung von chinesischen Unternehmen in den als relevant identifizierten Bereichen. Andererseits will die chinesische Regierung technologische Fähigkeiten des Auslands akquirieren und greift dabei auf das Instrument der Auslandsinvestitionen zurück sowie auf die Förderung von Unternehmensübernahmen und -fusionen. Hervorzuheben ist diesbezüglich eine Technologie, die seit Veröffentlichung von *MIC25* und insbesondere auch im Rahmen dieser Initiative stärker in den Fokus rückte: Künstliche Intelligenz (KI).

4.2 Künstliche Intelligenz (KI)

Spätestens mit dem Start des KI-basierten *ChatGPT*[1]-Modells von *OpenAI* im November 2022 scheint Künstliche Intelligenz in den Fokus der

---

[1] Zur Definition von *ChatGPT*: „New generative AI models such as ChatGPT and GPT-4 are more general purpose than prior narrow AI systems. While they do not

Weltöffentlichkeit geraten zu sein, auch wenn KI keinesfalls ein neues Phänomen darstellt (vgl. Scharre 2023: 36; Agrawal 2023: 4). So veröffentlichte auch der Staatsrat der Kommunistischen Partei Chinas bereits am 20. Juli 2017 ein Dokument mit dem Titel „New Generation Artificial Intelligence Development Plan“ (siehe State Council 2017). Das langfristige Ziel des Plans ist nicht weniger als die Etablierung der Volksrepublik China als Technologieführer im Bereich Künstlicher Intelligenz bis zum Jahr 2030 (vgl. State Council 2017).

Künstliche Intelligenz wird in dem Papier zwar nicht definiert, als Anwendungsbeispiele von KI werden aber beispielsweise Autonomes Fahren und Roboter zu Dienstleistungszwecken genannt (vgl. ebd.). Der Versuch, den Begriff klar zu bestimmen, gestaltet sich allerdings ohnehin schwierig, da laut Stuart Russel und Peter Norvig eine Vielzahl verschiedener Definitionen existiert, keine jedoch Allgemeingültigkeit beanspruchen kann (vgl. Russel/Norvig 2010: 1f.). Die Autoren des KI-Standardwerks „Artificial Intelligence. A Modern Approach“ (siehe ebd.) Russel und Norvig nähern sich dem Thema daher durch die Klassifikation verschiedener KI-Definitionen auf Basis von zwei Dimensionen (vgl. ebd. 1f.). Die erste Dimension bezieht sich auf die Frage, ob Künstliche Intelligenz dem Menschen nahekommen oder rational[2] sein soll, während bei der zweiten Dimension entweder die Hintergründe einer Handlung im Vordergrund stehen oder die Handlung selbst (vgl. ebd.: 1f.). Daher unterscheiden Russel und Norvig insgesamt vier Kategorien von KI-Definition: Das menschliche Denken, das menschliche Handeln, das rationale Denken und das rationale Handeln (vgl. ebd.1f.).

Dabei ist die vierte Klassifikation – das rationale Handeln – zentral für den Blick der Autoren auf Künstliche Intelligenz und für die Definition von KI als *rational agents* (vgl. ebd.: 4f., 34). Der Begriff *agent* sei dabei im Sinne

---

(yet) have the generality of human intelligence, they can perform a diverse array of tasks. GPT-4 achieves human-level performance on the SAT, GRE, and the Uniform Bar Exam. The AI agent that beat top human player Lee Sedol in the Chinese strategy game Go in 2016, AlphaGo, could only play Go. It could not hold a conversation, write a poem, analyze an image, play chess, craft recipes, or write computer software. GPT-4 can do all of these things and more." (Scharre 2023: 36). *GPT* steht für „Generative Pre-Trained Transformer“ (Tseng 2023).

[2] Ein System handelt in den Augen der Autoren rational, sofern es richtig beziehungsweise ideal handelt (vgl. ebd.: 1).

des lateinischen Wortes *agere*[3] zu verstehen und ein *rational agent* solle daher das beste oder zumindest das wahrscheinlich beste Ergebnis erzielen (vgl. ebd.: 4). Russel und Norvig präferieren dieses Verständnis von KI gegenüber den anderen drei Herangehensweisen, da die menschliche Komponente des menschlichen Denkens oder Handelns nur schwer zu definieren ist, während der Rationalitätsbegriff der Autoren mathematisch zu erfassen ist, rationales Denken allerdings zeitgleich nicht die einzige Voraussetzung für rationales Handeln darstellt (vgl. ebd.: 4f.). Relevant für die Leistungsbewertung[4] des *rational agent* seien daher die Auswirkungen seiner Aktionen auf seine Umgebung und nicht die Selbstbewertung durch den *agent*, da diese wie auch beim Menschen besonders fehleranfällig sei (vgl. ebd.: 36f.). Dieser KI-Definition Russels und Norvigs wird im Rahmen der vorliegenden Arbeit gefolgt, auch wenn sich daraus wiederum die grundsätzliche Frage ergibt, wann eine Handlung als rational beziehungsweise bestmöglich zu bewerten ist.

Zu Beginn muss der *rational agent*[5] laut Russel und Norvig Grundwissen erhalten, das den evolutionär bedingten Reflexen des Menschen nicht unähnlich ist und, ebenfalls wie der Mensch, mit der Fähigkeit zum Lernen ausgestattet werden (vgl. ebd.: 39). Das Ziel von KI sei in diesem Kontext die Schaffung eines *rational agents*, der letztlich autonom handeln könne, also auf Basis der in seiner Umgebung gemachten Erfahrungen agiert und nicht mehr auf sein anfängliches Grundwissen zurückgreifen muss (vgl. ebd.: 39). Das Lernen des *agents* ist dabei Mittel der Wahl, weil es den menschlichen Intellekt übersteigen würde, die KI auf sämtliche Situationen, für die sie Lösungen entwickeln soll, vorzubereiten und der Entwickler daher kein entsprechendes Programm im Vorhinein aufsetzen könne (vgl. ebd.: 693).

---

[3] Lat. für „handeln“.

[4] „Obviously, there is not one fixed performance measure for all tasks and agents; typically, a designer will devise one appropriate to the circumstances” (ebd.: 37).

[5] Zur Verbildlichung des *agent*-Begriffs: „A human agent has eyes, ears, and other organs for sensors and hands, legs, vocal tract, and so on for actuators. A robotic agent might have cameras and infrared range finders for sensors and various motors for actuators. A software agent receives keystrokes, file contents, and network packets as sensory inputs and acts on the environment by displaying on the screen, writing files, and sending network packets” (ebd.: 34).

Die Führung der Volksrepublik China geht davon aus, dass KI-Anwendungen in ihrer Gesamtheit massive Auswirkungen haben werden. So wird KI im Rahmen des oben thematisierten chinesischen Entwicklungsplans als „new engine of economic development“ (State Council 2017) sowie als „core driving force for a new round of industrial transformation“ (ebd.) charakterisiert,[6] und muss daher auch als zentrale Voraussetzung für das Erreichen der Ziele von *MIC25* betrachtet werden (siehe Kapitel 4.1). So betont die chinesische Führung im Rahmen des KI-Plans unter der Überschrift „Fostering a high-end, highly efficient smart economy“ (ebd.) ihr Ziel einer erfolgreichen industriellen Implementierung Künstlicher Intelligenz sowie deren große Bedeutung:

> „Accelerate the fostering of an AI industry with a major leading and driving effect, stimulate the profound convergence of AI and all industrial areas, and create data-driven smart economic patterns with human-machine coordination, cross-sectoral convergence, and joint creation and sharing" (ebd.).

Unmittelbar an diese Zielsetzung schließt sich in dem Papier die folgende umfassende Zukunftsprognose an:

> „Data and knowledge will become the first factor for economic growth; human-machine coordination will become the mainstream method of production and service; cross-sectoral convergence will become an important economic model; joint creation and sharing will become basic characteristics of the economic ecology; individualized demands and made-to-order will become new consumption trends; and productivity will increase substantially, drive industries to migrate towards the high end of value chains, powerfully support the development of the real economy, and comprehensively increase the quality and efficiency of economic development" (ebd.).

---

[6] Weitere Beschreibungen von KI und deren Auswirkungen, die in dem Papier genannt werden und zeitgleich die große Bedeutung der Technologie für die Kommunistische Parteiführung unterstreichen, sind: „new focus of international competition“, „playing an irreplaceable role in effectively maintaining social stability" und „major historic opportunity" (ebd.).

Diese Prognose macht deutlich, dass Künstliche Intelligenz in den Augen Pekings eine zentrale Voraussetzung zur Realisierung von Wirtschaftswachstum und wirtschaftlicher Entwicklung beziehungsweise Modernisierung darstellt. Zudem findet sich auch in dem oben zitierten Halbsatz „drive industries to migrate towards the high end of value chains" (ebd.) wieder eine deutliche Überschneidung mit *MIC25*.

Als Anwendungsbereiche für KI werden in dem Dokument Robotik, Verkehr, Industrie, Landwirtschaft, Logistik, Handel, sensor- und chipbasierte intermaschinelle Kommunikation, *Virtual Reality* und *Smart Terminals* wie Smartphones und Smartwatches sowie Haushaltsgeräte genannt (vgl. ebd.). Unter dem Punkt „Construct a safe and convenient intelligent society" (ebd.) werden darüber hinaus die mit einer Implementierung von KI verbundenen Vorteile und Verbesserungen im Hinblick auf Bildung, Gesundheitsversorgung, Verwaltung, Justiz, Stadtplanung, Umweltschutz sowie innere Sicherheit hervorgehoben (vgl. ebd.).

Hinsichtlich der konkreten Umsetzung des Plans existieren ebenfalls klare Parallelen zwischen *MIC25* und dem KI-Plan von 2017. So wird den heimischen KI-Unternehmen angeraten, sich internationaler aufzustellen und ihre Dienste auch ausländischen KI-Firmen anzubieten oder mit diesen zu fusionieren beziehungsweise diese zu übernehmen (vgl. ebd.). Zusätzlich dazu ist auch die Einrichtung von KI-Forschungszentren insbesondere im Zusammenhang mit *One Belt, One Road* Teil des KI-Plans (vgl. ebd.). Eine weitere Ähnlichkeit zwischen dem KI-Papier und *MIC25* besteht darüber hinaus in der im Ausland kritisch gesehenen finanziellen Unterstützung relevanter Unternehmen durch den chinesischen Staat. So werden auch in dem Dokument von 2017 Steuervorteile und weitere Unterstützungen für Unternehmen des KI-Sektors in Aussicht gestellt, Kostenabzüge für Forschung und Entwicklung eingeschlossen (vgl. ebd.).

KI wird von chinesischer Seite ebenfalls eine äußerst hohe Relevanz bei der Gewährleistung nationaler Sicherheit beziehungsweise bei der Landesverteidigung zugesprochen, weshalb die *civil-military-integration*[7] im KI-Bereich gestärkt werden solle (vgl. ebd.). In diesem Kontext werden mehrere militärische Anwendungsbereiche von Künstlicher Intelligenz genannt:

---

[7] Beziehungsweise *Military-Civil Fusion* (siehe Seite 19).

> „Strengthen a new generation of AI technology as a strong support to command and decision-making, military deduction, defense equipment, and other applications" (ebd.).[8]

2019 wurde die perspektivisch große Bedeutung einer militärischen Implementierung Künstlicher Intelligenz erneut im Rahmen einer zentralen Publikation des chinesischen Staatsrates hervorgehoben. Die Verfasser des Papiers mit dem Titel „China's National Defense in the New Era" (siehe State Council Information Office of the People's Republic of China 2019) werfen in diesem Kontext explizit den USA vor, durch technologischen und organisatorischen Fortschritt „absolute military superiority" (State Council Information Office of the People's Republic of China 2019) erreichen zu wollen (vgl. ebd.). In diesem Zusammenhang wird sogar von einer neuen technologischen und industriellen Revolution gesprochen, durch die auch Künstliche Intelligenz zukünftig im militärischen Bereich nutzbar gemacht werden könne (vgl. ebd). Informationstechnologie bilde die Grundlage für die Entwicklung neuer *High-Tech*-Technologien und im Fokus stünden nach wie vor Waffen und Ausrüstung, die als auf große Reichweite präzise, intelligent, *stealthy* oder unbemannt beschrieben werden (vgl. ebd.). Es sei eine Entwicklung des Krieges zu *informationized warfare* zu beobachten und *intelligent warfare* befände sich „am Horizont" (vgl. ebd.). Trotz deutlicher Fortschritte bei der „Revolution in Military Affairs (RMA) with Chinese characteristics" (ebd.)[9] besteht für die People's Liberation Army (PLA) laut dem Staatsrat hinsichtlich eben jener Informatisierung allerdings noch erheblicher Verbesserungsbedarf (vgl. ebd.).[10] Daher stellt der Staatsrat fest: „China's military security is confronted by risks from technology surprise and growing technological generation gap" (ebd.). Schlie-

---

[8] Natürlich sind militärische KI-Anwendungen auch mit Risiken und spezifischen Herausforderungen verbundenen. Eine Darstellung der Diskussion zu diesem Thema erfolgt an dieser Stelle allerdings nicht, da im weiteren Verlauf des Kapitels die Ziele Chinas und auch der USA hinsichtlich militärischer Anwendungspotenziale von KI im Vordergrund stehen. Damit verbundene Risiken und Herausforderungen sowie ethische Debatten sind für diese Pläne leider nicht maßgeblich; zu diesem Themenkomplex siehe Goldfarb/Lindsay 2022.

[9] Diese Begrifflichkeit wird im Folgenden näher erläutert werden.

[10] Die Mechanisierung der Streitkräfte galt zum damaligen Zeitpunkt, 2019, noch nicht als abgeschlossen (vgl. ebd.).

ßlich wird das Militär der Volksrepublik im Rahmen der Publikation nach wie vor weit hinter der Weltspitze[11] verortet (vgl. ebd.).

Der obige Verweis auf internationale militär-technologische Entwicklungen wie etwa im KI-Bereich zeigt, dass chinesische Entscheidungsträger sich dieser Trends offenbar nicht nur bewusst sind, sondern diese für hochrelevant halten und dementsprechend äußerst ernst nehmen. Umso deutlicher wird dies durch eine Betrachtung der sogenannten *Revolution in Military Affairs (RMA)*.

Eine gängige Definition dieses militärischen Revolutionsbegriffs stammt von Andrew F. Krepinevich aus dem Jahr 1994:

> „What is a military revolution? It is what occurs when the application of new technologies into a significant number of military systems combines with innovative operational concepts and organizational adaptation in a way that fundamentally alters the character and conduct of conflict. It does so by producing a dramatic increase – often an order of magnitude or greater – in the combat potential and military effectiveness of armed forces" (Krepinevich 1994: 30).

Der *RMA*-Begriff gewann während der 1990er Jahre an Popularität und ist seit der Jahrtausendwende auch in erweiterter Form als *Information Technology Revolution in Military Affairs (IT-RMA)* gebräuchlich (vgl. Adamsky 2023: 897). Diese *IT-RMA* wird von Adamsky folgendermaßen definiert:

> „This relates to the transformation of contemporary conventional warfare brought on by the integration of precision-guided munitions with command, control, communications, and computers, as well as with a variety of reconnaissance, surveillance, and target acquisition systems" (ebd.: 897).

Ursprünglich geht diese *RMA*- beziehungsweise *IT-RMA*-Konzeption auf den Kalten Krieg zurück (vgl. ebd.: 898). So suchte die NATO während der 1970er Jahre nach Möglichkeiten, die konventionelle militärische Überlegenheit des Warschauer Pakts in Europa auszugleichen (vgl. ebd.: 898). Grundlage einer entsprechenden Lösung waren Mikroprozessoren,

---

[11] Gemeint sind wohl vor allem die USA.

Evolution der Kriegsführung begründen würden. KI stellt also für die chinesische Führung ein fundamentales Mittel dar, um die übergeordneten wirtschaftlichen und militärischen Modernisierungsziele beziehungsweise Xis „Traum von der Verjüngung der chinesischen Nation" zu verwirklichen. Die Reaktion Chinas auf die „Dritte *Offset*-Strategie" der USA und damit verbundene, öffentlich erhobene Vorwürfe deuten analog dazu darauf hin, dass Fortschritte im KI-Bereich, insbesondere wenn hauptsächlich eine Seite davon profitieren würde, zu starken Spannungen zwischen den beiden Großmächten führen und eine Eskalation auslösen könnten.[20] Bereits in der jüngeren Vergangenheit kam es zu sino-amerikanischen Technologiekonflikten, bei denen aber vor allem die ausländischen Aktivitäten chinesischer Digitalunternehmen im Vordergrund standen.[21] Von besonderem Interesse ist in diesem Kontext Chinas Konzeption einer sogenannten *Digital Silk Road.*

4.3 Digital Silk Road (DSR)

Die *Digital Silk Road (DSR)* wurde am 14. Mai 2017 im Rahmen einer Rede Xis zur Eröffnung des *Belt and Road Forum for International Cooperation* angekündigt (vgl. Xi 2017b). Die sogenannte *Belt and Road Initiative (BRI)* oder auch *New Silk Road* war bereits vier Jahre zuvor ebenfalls vom chinesischen Staatspräsidenten ins Leben gerufen worden und bezeichnet ein groß angelegtes Infrastrukturprojekt (vgl. CFR 2023). Ursprünglich lag der Fokus der *BRI* darauf, den ostasiatischen Raum mit Europa zu verbinden, doch auch Staaten aus Afrika, Ozeanien und Lateinamerika sind inzwischen Teil des Vorhabens (vgl. ebd.).[1] In seiner oben genannten Rede von 2017 erweiterte Xi die „Neue Seidenstraße" um eine digitale Komponente und postulierte:

[20] Diese Feststellung wird in Kapitel 6.6 noch einmal aufgegriffen.

[21] Diese werden in Kapitel 5 betrachtet.

[1] Das internationale Interesse an *BRI* scheint allerdings laut David Sacks vom *Council on Foreign Relations (CFR)* inzwischen wieder abgenommen zu haben, da nur noch Staats- und Regierungsführer aus 23 Staaten am dritten *Belt and Road Forum* im Oktober 2023 teilnahmen; auf dem zweiten Forum im Jahr 2019 lag ihre Zahl noch bei 37 (vgl. Sacks 2023). Sacks macht dafür folgende Ursachen aus: „major projects have run into trouble, countries have less capacity to take on additional debt, and China's desire to lend has decreased" (ebd.).

> „We should pursue innovation-driven development and intensify cooperation in frontier areas such as digital economy, artificial intelligence, nanotechnology and quantum computing, and advance the development of big data, cloud computing and smart cities so as to turn them into a digital silk road of the 21st century" (Xi 2017b).

Anstelle der großen und traditionellen Infrastrukturprojekte, die im Mittelpunkt der *BRI* stehen, bezieht sich die *Digital Silk Road* laut Triolo et al. auf Technologien, welche das Fundament der neuen Digitalwirtschaft bilden sollen (vgl. Triolo et al. 2020: 1). Triolo et al. charakterisieren die *DSR* als: „umbrella branding effort and a narrative for Beijing to promote its global vision across a range of technology areas and projects" (ebd.: 1). Vorangetrieben werde die digitale Seidenstraße jedoch primär von chinesischen Privatunternehmen, welche die Initiative häufig als Etikett für ihre Expansion im Ausland verwenden würden, in der Hoffnung auf politische Unterstützung (vgl. ebd. 1). Unter dem Schirm von *DSR* und *BRI* sollen chinesische Konzerne wie Alibaba, Tencent und Baidu sowie Huawei und Telekommunikationsanbieter wie China Mobile, China Telecom und China Unicom in aufstrebenden Märkten mit führenden US-Firmen um sogenannte *Over the top*-Dienstleistungen konkurrieren (vgl. ebd.:1):

> „These include smart cities, cloud services, mobile payments, and social media applications. They will eventually include technologies such as AI, autonomous vehicles (AVs), and internet of things technologies and services" (ebd.: 1).

Ergänzend dazu sehen Triolo et al. folgende Bereiche potenziell als Teil der *DSR*:

> „there have been new developments in technology company mergers and acquisitions; telecommunications infrastructure contracts for both current and next-generation networks; carrier services; OTT service providers; smart cities; and data center build-outs that could all be characterized as part of the emerging DSR" (ebd.: 4).

Auch bei der Festlegung von Standards sind chinesische Unternehmen relevant. So ist insbesondere Huawei prägend bei der Standardisierung von

5G[2] sowie am Aufbau der mobilen Infrastruktur vieler *BRI*-Teilnehmerländer beteiligt (vgl. ebd.: 1f.). Es gilt sogar als nicht ausgeschlossen, dass China in Zukunft gemeinsam mit Teilnehmerländern von *BRI* und *DSR* ein alternatives System zur Standardisierung anstreben könnte (vgl. ebd.: 2).[3] Auch wird der Volksrepublik vonseiten westlicher Politiker vorgeworfen, durch die Ausfuhr von Kameras mit Gesichtserkennungsfunktion sowie von Technologien zur Unterstützung der Polizeiarbeit ein „'techno-authoritarian' model" (ebd.: 2) in BRI-Teilnehmerländer exportieren zu wollen (vgl. ebd.: 2). Triolo et al. weisen allerdings darauf hin, dass die beteiligten chinesischen Firmen hauptsächlich auf den Bedarf von Entwicklungsländern nach einer verbesserten Telekommunikationsinfrastruktur reagieren würden (vgl. ebd. 2). Dabei stelle China seine technologischen Fähigkeiten oftmals gebündelt zur Verfügung und fördere so die Abhängigkeit anderer Staaten von chinesischen Technologien (vgl. ebd.: 2).

Nachdem Xi Jinping die *DSR* 2017 auf dem ersten *Belt and Road Forum for International Cooperation* offiziell angekündigt hatte, wurde auf der Folgeveranstaltung sogar ein Unterforum zur *DSR* eingerichtet (vgl. Triolo et al. 2020; Huang 2019). Huang Yong, der Generalsekretär des *International Cooperation Center of the National Development and Reform Commission of China*,[4] publizierte zum Start des Unterforums einen Artikel in der Zeitung *People's Daily* (siehe Huang 2019).[5] Im Rahmen des Artikels gab Huang an, dass China bis zum 24. April 2019 mit 16 Ländern *memorandums of understanding* zum Aufbau der *DSR* geschlossen hätte und mit 12 davon nun in die Aktionsphase übergehen werde (vgl. ebd.). Im Kontext der *DSR* nennt Huang folgendes grundsätzliches Ziel sowie einige Zielsektoren:

> „The construction of the digital Silk Road will help drive economic growth, improve the economic quality, promote employment, and enhance people's welfare. It not only promotes the development of the digital service sector, such as

---

[2] Eine genauere Betrachtung des chinesischen Ausbaus von 5G-Infrastruktur erfolgt in Kapitel 5

[3] Siehe Seite 30f.

[4] Die *National Development and Reform Commission (NDRC)* ist die bei der Umsetzung von *BRI* federführende Behörde (vgl. Triolo et al. 2020: 3)

[5] *People's Daily* gilt als offizielle Parteizeitung der Kommunistischen Partei Chinas (vgl. Greenslade 2016).

> cross-border e-commerce, smart cities, telemedicine, and internet finance, but also accelerates technological progress including computing, big data, Internet of Things, artificial intelligence, block chain, and quantum computing" (ebd.)

An dem Subforum mit dem Titel *Co-building 21st Century Digital Silk Road* nahmen fast 30 Staaten teil, von denen mindestens 22 *DSR*-Kooperationsabkommen mit China schlossen (vgl. Triolo et al. 2020: 3).

Auch wenn diese direkten staatlichen Impulse eine wichtige Komponente der *DSR* ausmachen, rücken Triolo et al. vor allem die chinesischen Unternehmen selbst in den Vordergrund und heben hervor, dass der Schlüssel zum Verständnis der *DSR* in der Art und Weise liege, wie diese von den Firmen bei ihren Aktivitäten im Ausland sowie in China eingesetzt werde (vgl. ebd.: 4).

Hinsichtlich der Expansion chinesischer Tech-Unternehmen im Ausland identifizierte das *Australian Strategic Policy Institute (ASPI)* eine Forschungslücke und startete 2021 eine Datenbank neu, in der die ausländischen Aktivitäten einer Auswahl von 27 dieser Firmen verzeichnet sind (vgl. ASPI 2021a). Die Unternehmen kommen aus den Sektoren Telekommunikation, Technologie, Internet und Biotechnologie und schließen auch Alibaba, Baidu, Tencent, Huawei, China Mobile, China Telecom und China Unicom ein (vgl. ebd.), welche bereits oben als zentrale Akteure für die Umsetzung der *DSR* in die Praxis definiert wurden. Die *ASPI*-Autoren weisen darauf hin, dass natürlich auch US-amerikanische Firmen wie Facebook international expandieren würden (vgl. ebd.). In der Rolle des Staates beziehungsweise der Kommunistischen Partei liege allerdings ein wesentlicher Unterschied zwischen der Expansion chinesischer Unternehmen und ihrer nicht-chinesischen Konkurrenz:

> „The global scale reached by China's giant technology companies needs to be understood with an account of the unique party-state environment that shapes, limits and drives their global behaviour. This sets them apart from other large technology companies expanding around the world" (ebd.).

Konkret wurden in dem *ASPI*-Forschungsprojekt mit Stand vom 21. Juni 2021 3.800 Einträge in 187 Ländern erfasst (vgl. ASPI 2021b). Inkludiert sind darin 140 5G-Beziehungen, 150 *Smart City* und *Public-Security-*

Projekte[6], 42 Partnerschaften im Bereich der Gesichtserkennung, 515 Forschungspartnerschaften, 173 Labore für Forschung und Entwicklung sowie 812 allgemeine wirtschaftliche Partnerschaften (vgl. ASPI 2021b).

Während es sich bei *MIC25* also primär um einen Plan zur technologischen Modernisierung der chinesischen Industrie durch Förderung entsprechender Unternehmen handelt, wird im Rahmen der *DSR* von den heimischen Digital-Firmen verlangt, ihre Dienstleistungen und Fähigkeiten verstärkt im Ausland anzubieten. Dennoch beinhaltet auch MIC25 eine Auslandskomponente, da die Initiative insbesondere darauf abzielt, den technologischen Rückstand der chinesischen Industrie aufzuholen sowie deren Importabhängigkeit durch Technologietransfers nach China zu reduzieren. Zudem stärkt beispielsweise die erfolgreiche Expansion chinesischer Unternehmen im KI-Bereich zwangsläufig auch die Firmen selbst beziehungsweise die chinesische Industrie als Ganzes. Demnach müssen *MIC25* und die *DSR* nicht nur als sich ergänzende, sondern auch als sich überschneidende Pläne charakterisiert werden. Diese Verschmelzung ausländischer und inländischer Stoßrichtungen der digitalen Ambitionen Chinas deckt sich auch mit dem im 14. chinesischen Fünfjahresplan formulierten Ziel der *domestic-international dual circulation*:

> „Based on domestic great circulation, we will coordinate and promote the construction of a strong domestic market and the construction of a trade power-house […], form a powerful gravitational field to attract global resources and factors of production, promote the coordinated development of domestic and foreign demand, imports and exports, and the introduction of foreign capital and foreign investment, and accelerate the cultivation of new advantages to be used in inter-

[6] Zur ASPI-Definition: „Smart city is defined as a building or city that has implemented equipment and sensors that collect data and that data is processed and outputted into a system. This overseas presence may include collaborations, a purchase or sale of equipment related to smart cities such as Internet of Things (IoT) sensors that collect data used to manage assets and resources like cameras or air quality sensors, surveillance cameras and number plate recognition software in public security projects, research projects on safe or smart cities, etc." (ASPI 2021c).

national cooperation and competition" (Xinhua News Agency 2021a: 35).[7]

Die *DSR* wie auch *MIC25* können schließlich zwar als richtungsweisende offizielle Dokumente der chinesischen Führung angesehen werden, allerdings wäre es trügerisch, den Geist dieser Pläne nur dort auszumachen, wo sie in Initiativen, Verträgen oder weiteren Publikationsarten explizit genannt werden. So übersteigt insbesondere das Ausmaß des globalen Engagements chinesischer Digital-Firmen den Umfang der bekannten zwei bis drei Dutzend bilateralen *DSR*-Abkommen deutlich. Daran schließt sich unmittelbar die Frage nach den damit verbundenen Folgen und möglichen Risiken für die Abnehmerländer an. Eine Gefahr besteht – wie bereits erläutert wurde[8] – im Technologietransfer durch chinesisches *FDI* beziehungsweise durch die Übernahme ausländischer Firmen. Die im Rahmen der *DSR* hervorgehobenen Auslandsforschungspartnerschaften bergen potenziell ähnliche Risiken. Von besonderer Relevanz sind allerdings die Auslandsaktivitäten chinesischer Firmen im Bereich kritischer Infrastruktur, vor allem hinsichtlich des 5G-Ausbaus, da sich daraus unter Umständen bedeutsame politische Möglichkeiten der chinesischen Regierung zur Auslandseinflussnahme beziehungsweise zur Durchsetzung ihrer Ziele ergeben könnten.

---

[7] Zur Verdeutlichung der *dual circulation*-Strategie wird sich oftmals einer Metapher des chinesischen Wirtschaftswissenschaftlers Yu Yongding bedient: „The influential Chinese economist Yu Yongding has explained the notion of dual circulation with two new concepts: 'the spare wheel' and 'the body lock.' Following the 'spare wheel' concept, China should have ready alternatives if it loses access to natural resources, components, and critical technologies. The 'body lock' is a wrestling metaphor. It means that Beijing should make Western companies reliant on China, thereby making decoupling more difficult. That is why it is working to bind as many countries as possible to Chinese systems, norms, and standards" (Leonard 2023: 125).

[8] Siehe Seite 27f.

5. Die Beteiligung chinesischer Unternehmen am weltweiten 5G-Ausbau – Eine Möglichkeit zur Auslandseinflussnahme?

5G steht für „Fifth Generation“ (Gallagher/DeVine 2019: 1) und bezeichnet einen neuen Mobilfunkstandard, der auf den aktuellen 3G- und 4G/*Long-Term-Evolution-(LTE)*[1]-Netzwerken aufbaut (vgl. ebd.: 1). 5G-Netzwerke sollen im Vergleich zu ihren Vorgängermodellen schneller sein, mehr Kapazitäten beziehungsweise Bandbreite zur Verfügung stellen und neue *features* und Dienstleitungen ermöglichen (vgl. ebd.: 1f., 16):

> „5G technologies are expected to create new revenue streams for technology companies and telecommunications providers. 5G technologies are also expected to support interconnected devices (e.g., smart homes, medical devices), and advanced IoT systems, such as autonomous vehicles, precision agriculture systems, industrial machinery, and advanced robotics” (ebd.: 6).

Ein Teil der Umstellung auf 5G besteht in der Aufrüstung bereits existierender 4G-Infrastruktur zur Verbesserung der Geschwindigkeit und Funktionalität von Netzwerken der Vorgängergeneration und als Basis für 5G-Systeme, die auf Frequenzen im niedrigen bis mittleren Bandbereich von unter 6 GHz zurückgreifen (ebd.: 23). Für die Nutzung von Frequenzen im hohen Bandbereich von über 6 GHz und den damit verbundenen massiven Geschwindigkeitsgewinnen ist jedoch eine deutlich höhere Dichte der Funkzellen von Nöten, da diese Signale nur kurze Distanzen überwinden und Hindernisse nicht durchdringen können (vgl. ebd: 23). Dementsprechend wird die Installation vieler *small cells*[2] erforderlich, welche ungefähr

---

[1] Ungefähr alle zehn Jahre kommt es zur Einführung eines neuen Mobilfunkstandards, der jeweils massive Verbesserungen mit sich bringt (vgl. ebd.: 2): „Third-generation (3G) technologies supported voice, data, and mobile access to the internet (e.g., email, videos). Smartphones were introduced, and people began using mobile phones as computers for business and entertainment, greatly increasing demand for data. Fourth-generation (4G) technologies offered increased speeds, and true mobile broadband that could support music and video streaming, mobile applications, and online gaming“ (ebd.: 2).

[2] „Small cells are low-powered radio access nodes with ranges of between 10 meters to two kilometers (in comparison, macro cell towers can cover up to 20 miles or around 32 kilometers)” (ebd.: 23).

die Größe einer Pizzaschachtel aufweisen und etwa an Gebäuden oder Straßenlaternen angebracht werden können (vgl. ebd.: 23).

Der neue Mobilfunkstandard soll die erhöhte Nachfrage nach immer größeren Datenmengen von Privat- und Industriekunden befriedigen (vgl. ebd.: 2). So wurde 2016 erstmals von mobilen Geräten aus auf mehr Daten zugegriffen als von Computern (vgl. ebd.: 5). Auch die Zahl der ans Internet angeschlossenen Geräte wie Smartwatches stieg deutlich an und im Industriebereich werden beispielsweise verstärkt Sensoren zu Wartungszwecken eingesetzt (vgl. ebd.: 5). Die mit 5G zusammenhängenden Vorteile und deren ökonomischer Nutzen spiegeln sich auch darin wider, dass laut Gallagher und DeVine ein weltweites Rennen zwischen Technologieunternehmen und Telekommunikationsanbietern darum entbrannt ist, als möglichst Erster entsprechende Produkte auf den Markt zu bringen beziehungsweise Marktanteile zu sichern (vgl. ebd.: 8). Dazu zählen auch die chinesischen Unternehmen Huawei und ZTE (vgl. ebd.: 27).

Insbesondere Huawei galt neben Ericsson aus Schweden und Nokia aus Finnland lange als führend bei der Entwicklung und Implementierung von 5G-Anwendungen sowie hinsichtlich der damit zusammenhängen Patentierungen (vgl. Malena 2021) und beteiligte sich demnach massiv am internationalen 5G-Ausbau, auch wenn die genaue Anzahl der Kooperationen schwer zu beziffern ist. So werden in der bereits oben genannten *ASPI*-Datenbank bis ins Jahr 2021 142 Einträge zu 5G-Beziehungen zwischen chinesischen Unternehmen und dem Ausland verzeichnet (vgl. ASPI 2021d), und Huawei selbst sprach 2020 von mehr als 90 abgeschlossenen 5G-Verträgen weltweit, einem Anstieg um knapp 30 Abkommen im Vergleich zum Vorjahr (vgl. Li/Cheng 2020).

Speziell die Rolle Huaweis beim Aufbau westlicher 5G-Infrastruktur entwickelte sich jedoch in der jüngeren Vergangenheit und Gegenwart zu einem Politikum und wurde ab 2019 auch in Europa kontrovers diskutiert (vgl. Rühlig 2020b: 6). So warnten die USA international und insbesondere im Westen dringend davor, das Unternehmen bei der Implementierung von 5G-Technologien miteinzubeziehen, da sie darin ein potenzielles Einfallstor für chinesische Spionage und Sabotage kritischer Infrastruktur sahen (vgl. Friis/Lysne 2021: 1175). Exemplarisch für den in der Wahrnehmung Friis und Lysnes harten Ton der US-amerikanischen Regierung in dieser

Sache (vgl. Friis/Lysne 2021.: 1178) sei eine Äußerung des damaligen US-Verteidigungsministers Mark Esper im Februar 2020[3] gewesen:

> „If countries choose to go the Huawei route, it could well jeopardize all the information sharing and intelligence sharing we have been talking about, and that could undermine the alliance, or at least our relationship with that country" (Sanger/McCabe 2020).

Vor dem Hintergrund der Tatsache, dass Huawei in der Vergangenheit bereits die 3G- und 4G-Infrastruktur vieler Staaten mitaufgebaut hatte und insbesondere die europäischen Staaten dabei laut Friis und Lysne hauptsächlich gute Erfahrungen mit dem chinesischen Unternehmen gemacht hatten, mag diese offenbar kompromisslose Position der US-Regierung zunächst verwundern (vgl. Friis/Lysne 2021: 1177, 1184). Doch nachdem die USA 2018 die Nutzung oder Beschaffung von sämtlichem Huawei- und ZTE-Equipment verboten hatten (vgl. US Congress 2018: 282f.), übernahmen auch einige ihrer europäischen und pazifischen Alliierten diese Haltung in Teilen und schlossen Huawei aus ihrer kritischen Infrastruktur aus oder leiteten dies zumindest in die Wege (vgl. Cerulus/Weaton 2022).[4] Dazu gehören die *Five-Eyes*-Staaten[5] ebenso wie Frankreich, Schweden, Rumänien, die baltischen Staaten, Belgien und Dänemark (vgl. Cerulus/Wheaton 2022). Bezeichnend für den offenkundigen zumindest Teilerfolg der US-amerikanischen Anti-Huawei-Kampagne titelte *Politico* im

---

[3] Wenige Tage zuvor, ebenfalls im Februar 2020, hatte Esper eine Rede auf der Münchener Sicherheitskonferenz gehalten (vgl. Sanger/McCabe 2020).

[4] Im Mai 2020 erließ die US-Regierung unter Präsident Trump zudem noch schärfere Sanktionen gegen Huawei: „The Trump administration issued a new rule Friday that will bar Huawei and its suppliers from using American technology and software, a significant escalation in the White House's battle with the Chinese telecom giant and one that is likely to inflame tensions with Beijing. The rule change, which is slated to go into effect in September, will block companies around the world from using American-made machinery and software to design or produce chips for Huawei or its entities. Companies can apply for a license to continue supplying those products, but the administration said the presumption would be to deny those requests" (Swanson 2020).

[5] Dabei handelt es sich um einen Geheimdienstpakt, dem neben den USA auch das Vereinigte Königreich, Kanada, Australien und Neuseeland angehören (vgl. Cerulus/Weaton 2022).

November 2022: „How Washington chased Huawei out of Europe“ (siehe ebd.),[6] wenn auch gleichzeitig angemerkt wurde, dass Huawei in Deutschland, Spanien und Italien noch Chancen hätte, eine Rolle beim 5G-Ausbau zu übernehmen (vgl. Cerulus/Wheaton 2022). Es ist nicht plausibel anzunehmen, dass alle der oben aufgeführten Staaten diesen Schritt nur aufgrund des Drucks aus den USA gingen, weshalb sich die Frage nach alternativen Gründen für den Ausschluss Huaweis in Europa stellt.

Aus technologischer Sicht sind es, wie Friis und Lysne im Rahmen eines Aufsatzes in der Fachzeitschrift *Development and Change* erläuterten, insbesondere die Leistungsfähigkeit und Zentralität von 5G-Netzwerken, die das potenzielle Eindringen eines feindlich gesinnten Akteurs in „the most critical infrastructures we have ever seen“ (Friis/Lysne 2021: 1181)[7] hochgefährlich machen. So seien mit den großen Chancen, die 5G im Vergleich zu 4G etwa in den Bereichen automatisierte Systeme, Fernsteuerung und *internet of things* bieten, ebenso große Risiken hinsichtlich möglicher Sabotageakte verbunden (vgl. ebd.: 1181). Beispielsweise ermögliche der Durchbruch bei der Latenzzeit[8] im Rahmen von 5G zwar eine automatisierte Verkehrskontrolle mit damit verbundenen Effizienzgewinnen und einer deutlich verringerten Zahl von Verkehrstoten, allerdings könnte eine Manipulation des Systems diese Vorteile auch ins Katastrophale umkehren (vgl. ebd.: 1180f.). Zudem werden durch 5G-Technologie nicht nur sämtliche Beschränkungen hinsichtlich der Zahl der verbundenen Geräte aufgehoben, sondern auch alle Netzwerke in eine singuläre Infrastruktur integriert (vgl. ebd.: 1180). Die Vorgängertechnologien basieren hingegen noch auf einer ausdifferenzierten Infrastruktur, die für Mobilfunk, Radiosender, TV-Signale, öffentliche Sicherheit und das Militär jeweils eigene Netzwerke deklariert (vgl. ebd.: 1180).

---

[6] Analog dazu weist eine Risikobewertung der EU-Kommission im Rahmen der 2021 publizierten sogenannten *EU Toolbox for 5G Security* eine Warnung vor „State interference through 5G supply chain“ (European Commission 2021) auf.

[7] Diese Beschreibung von 5G-Netzwerken fiel im Rahmen des Artikels von Friis und Lysne (vgl. ebd.: 1181).

[8] Zur Definition von Latenzzeit in diesem Kontext: „This means that the time that passes from when a decision has been made in a central server until this decision takes effect in a deployed robot somewhere will be measured in milliseconds rather than in tenths of seconds” (ebd.: 1180f.).

In dieser Integriertheit der 5G-Infrastruktur, die eine Ausdifferenzierung in unterschiedliche Teile laut Nocetti unmöglich macht, liegt eine der wesentlichen Neuerungen und Besonderheiten dieser Generation (vgl. Nocetti 2022: 14). Die sich daraus ergebende Herausforderung sei es demnach, das 5G-Netzwerk mit seinen in sich zusammenlaufenden und aufeinander abgestimmten Teilen in Gänze zu sichern (vgl. ebd.: 14f.). Während 4G und ältere Mobilfunkstandards noch vor allem auf Hardware basierten, wird im Zusammenhang mit 5G von einer „softwarization" (ebd.: 15) gesprochen, die zwar das Management der Infrastruktur in der Cloud ermögliche, aber zeitgleich eben dadurch eine größere Angriffsfläche biete (vgl. ebd.: 15).

In dem Versuch etwaige Sicherheitsbedenken auszuräumen, zeigte sich Huawei betont transparent und war dementsprechend auch bereit, das 5G-Equipment des Unternehmens untersuchen zu lassen (vgl. Friis/Lysne 2018: 1182). Bereits 2018 verkündete Huawei diesbezüglich den Aufbau eines „information security labs" (ebd.: 1182) in Deutschland, in dem Betreiber wie auch Mitarbeiter der Regulierungsbehörde den Quellcode von Huawei-Ausrüstung untersuchen könnten (vgl. ebd.: 1182). Der tatsächliche Nutzen einer solchen Inspektion ist in den Augen Friis und Lysnes allerdings aus Sicherheitsgesichtspunkten höchst fraglich (vgl. ebd.: 1182). So stelle sich die manuelle Auswertung von Hard- und Software nicht nur als zeitaufwändig, sondern auch grundsätzlich als unvollständig dar, weil stets nur ein kleiner Teil des Quellcodes inspiziert werden könne (vgl. ebd.: 1182). Insbesondere bei der für 5G-Anwendungen relevanten Software ergebe sich die Problematik, dass die Untersuchung mit jedem Update von Neuem beginnen müsste (vgl. ebd.: 1182). Eine vollständige Inspektion des 5G-Equipments von Huawei ist aus diesen Gründen laut Friis und Lysne prinzipell nicht realisierbar (vgl. ebd.: 1182). Das aktive Ausnutzen von kompromittiertem Code sei ebenfalls nur aufzudecken, sofern große Datenmengen betroffen wären (vgl. ebd.: 1182), kleinere Datenmengen seien prinzipiell zu stehlen, ohne Spuren zu hinterlassen (vgl. Che et al. 2014 zit. nach Friis/Lysne 2018: 1183). Das Erkennen von Sabotage sei hingegen zwar prinzipiell weniger schwierig, allerdings zeitgleich mit der Problematik verbunden, dass der dadurch angerichtete Schaden sich nicht mehr umkehren lässt und zudem als technischer Fehler getarnt werden könnte (vgl. Friis/Lysne 2018: 1183f.). Friis und Lysne konkludieren demnach, dass westliche Staaten also letztlich darauf angewiesen sind, Huawei auf lange Sicht bei der Sicherheit ihres 5G-Equipments zu vertrauen (vgl.

Gefahr bereits gegenwärtig sehr real. So machte die Cybersicherheitsfirma Crowdstrike 2021 den chinesischen Staat für 67 Prozent der im Vorjahr begangenen staatlichen Cyberangriffe verantwortlich (vgl. Galloway 2021).[12] Analog dazu erklärte der FBI-Direktor Christopher Wray im Januar 2022: „Just using cyber means, Chinese government hackers have stolen more of our personal and corporate data than every other nation combined" (Wray 2022). Als Motivation für die Angriffe machte Wray den Diebstahl von Technologien aus und hob hervor, dass insbesondere Industriebereiche, die im Fokus von *MIC25* stünden, Ziel chinesischer Cyberangriffe wären (vgl. ebd.). Diese Art des staatlichen Datendiebstahls durch die Volksrepublik China ist allerdings keineswegs ein neues Phänomen, das erst 2015 mit der Publikation von *MIC25* aufgekommen wäre. Schließlich veröffentlichte das IT-Sicherheitsunternehmen *Mandiant* 2013 einen Bericht über die Aktivitäten von *APT1*, welche die Analysten der Firma als Behörde der PLA identifizierten (vgl. Mandiant 2013: 3). Ab 2006 soll *APT1* laut *Mandiant* Hunderte Terrabyte Daten von 141 Organisationen aus überwiegend englischsprachigen Staaten in 20 Industriebereichen gestohlen haben (vgl. ebd.: 3f.). *Mandiant* ging von einer großen Organisationsstruktur von *APT1* mit mindestens 1.000 Servern und möglicherweise Hunderten Mitarbeitern aus (vgl. ebd.: 5).

Allerdings scheint die chinesische Spionage nicht nur auf den Diebstahl von Unternehmensgeheimnissen abzuzielen. So berichtete *Reuters* im Dezember 2020, dass eine Gruppe mutmaßlich chinesischer Hacker Server des Hauptquartiers der Afrikanischen Union (AU) in Addis Abeba manipuliert hatten und Überwachungsvideos abzapften, die unter anderem auf Büros und Konferenzräume der Organisation ausgerichtet waren (vgl. Satter 2020). Die IT-Mitarbeiter der AU stießen durch einen Hinweis japanischer Forscher auf das Datenleck (vgl. ebd.). In einem internen Memo, das auch von Reuters eingesehen werden konnte, wurde die chinesische Hackergruppe *Bronze President* für den Vorfall verantwortlich gemacht (vgl. ebd.). Besorgniserregend ist vor allem die Machtlosigkeit der Afrikanischen Union in diesem Sachverhalt. So heißt es in dem Memo: „We are still weak to prevent another attack" (ebd.). Es handelte sich außerdem nicht um den ersten Leak dieser Art. So deckten Mitarbeiter der AU laut

[12] Dieser Anteil Chinas ist möglicherweise sogar noch größer, da bei 20 Prozent der Angriffe zwar ein staatlicher Akteur ausgemacht wurde, dieser allerdings nicht genauer spezifiziert werden konnte (vgl. ebd.).

einem 2018 von *Le Monde* publizierten Bericht auf, dass ein Server eines Konferenzzentrums jede Nacht Kopien von Daten nach Shanghai sendete und das Zentrum selbst mit Abhörgeräten gespickt war (vgl. Kadiri/Tilouine 2018 zit. nach Satter 2020). Eben jenes Zentrum war 2012 von chinesischen Arbeitern aufgebaut worden (vgl. Satter 2020). Die AU sah in beiden Fällen davon ab, gegen die Spionage aus China vorzugehen und ließ die digitale Infrastruktur der Organisation weiterhin von chinesischen Technikern instand halten (vgl. ebd.).

Die AU-Hacks legen nahe, dass chinesische Cyber-Spionage auch auf den Erkenntnisgewinn zu politischen Entscheidungsprozessen internationaler Organisationen beziehungsweise anderer Staaten abzielt. Doch auch das Sabotagerisiko durch chinesische Spionage scheint zu steigen, denn am 31. Mai 2023 erklärten die Geheimdienste der *Five-Eyes*-Staaten sowie Microsoft, dass eine Hackergruppierung mit Verbindungen zum chinesischen Staat seit 2021 großflächig kritische Infrastruktur der USA ausspioniert hätte (vgl. Siddiqui/Bing 2023).[13] Microsoft ließ verlauten, über eine „moderate confidence“ (ebd.) zu verfügen, dass es der verantwortlichen Gruppe namens *Volt Typhoon* darum ging, die kritische Kommunikationsinfrastruktur zwischen den USA und Asien während einer zukünftigen Krise[14] stören zu können (vgl. ebd.). Besonders kritisch ist dabei, dass auch die US-amerikanische Pazifikinsel Guam[15] Ziel der Angriffe war (vgl. ebd.). Ein Sprecher des chinesischen Außenministeriums widersprach den Vorwürfen vehement und bezeichnete diese als „collective disinformation campaign" (ebd.) der fünf Staaten sowie als von den USA geopolitisch motiviert (vgl. ebd.), ein weiterer Indikator dafür, dass das amerikanisch-chinesische Verhältnis gegenwärtig schwer belastet ist.

[13] Die anderen vier Staaten des Geheimdienstbündnisses warnten, dass möglicherweise auch sie zum Ziel der Angriffe geworden sein könnten (vgl. ebd.).
[14] Diesbezüglich steht vor allem eine potenzielle chinesische Invasion Taiwans im Vordergrund (vgl. ebd.).
[15] Zur Bedeutung Guams: „Guam is home to U.S. military facilities that would be key to responding to any conflict in the Asia-Pacific region. It is also a major communications hub connecting Asia and Australia to the United States by multiple submarine cables” (ebd.).

Die intensiven Verbindungen Huaweis zur Kommunistischen Partei Chinas wie auch die Vehemenz[16], mit der das Unternehmen auf den internationalen 5G-Markt vordrang, legen den Schluss nahe, dass diese Initiative mit dem Segen der chinesischen Regierung erfolgte und es sich deshalb beim Ausbau der 5G-Infrastruktur anderer Staaten durch chinesische Unternehmen um eine Ausprägung der digitalen Ambitionen Chinas handelt. Zudem fügt sich diese Unternehmenstätigkeit nahtlos in die im Rahmen der *DSR*, der außenpolitischen Komponente von *MIC25* und der *dual circulation*-Strategie formulierten Zielsetzungen ein.

Auch wenn die chinesische Führung um Xi Jinping nicht darauf abzielen sollte, andere Staaten durch die Installation von Huawais 5G-Technologie auszuspionieren beziehungsweise schlimmstenfalls sogar zu sabotieren,[17] würde Peking von einem chinesischen Unternehmen mit einer Führungsrolle im 5G-Bereich stark profitieren. Dabei sind nicht nur ökonomische Profite des Konzerns oder Erfahrungsgewinne, welche die Technologieführerschaft Huaweis im 5G-Bereich noch weiter verstärken könnten, zu beachten. So würden sich für die chinesische Regierung durch eine globale Implementierung der 5G-Technologie Huaweis ebenfalls Chancen ergeben, die Vorstellungen der Kommunistischen Partei auch bei der Festlegung von Standards durchzusetzen.

Zu den Standardisierungsbestrebungen der Volksrepublik China[18] verfasste Rühlig[19] 2020 eine aufschlussreiche Analyse, indem er den Aufbau kritischer Infrastruktur mit dem Aufstellen technischer Standards verband (vgl. Rühlig 2020a: 26f.). Rühlig legte diesbezüglich einen Fokus auf die Anwendung chinesischer Standards bei Projekten der *BRI* (vgl. ebd.: 25f.). So würden *BRI*-Teilnehmerstaaten durch den Aufbau kritischer Infrastruktur, die auf chinesischen Technologiestandards basiert, in ein langfristiges Abhängigkeitsverhältnis zur Volksrepublik China treten (vgl. ebd.: 26f.). Schließlich müsse auch deren Wartung und Weiterentwicklung auf chine-

---

[16] Ablesbar an der Vielzahl der 5G-Beziehungen von Huawei mit dem Ausland (siehe oben).

[17] Vor dem Hintergrund der Historie chinesischer Staatsspionage und auch mit Blick auf das politische System Chinas ist allerdings zumindest die Sorge vor chinesischer Spionage zweifellos begründet.

[18] Zu den offiziellen Standardisierungszielen der Volksrepublik China siehe Seite 30f.

[19] Der bereits oben zitiert wurde (siehe Seite 56f.)

sischen Standards basieren, die wiederum nur von Unternehmen aus China verwendet werden, weshalb Rühlig darin chinesische Geopolitik erkennt, die insbesondere auf die Kontrolle von Daten abziele (vgl. ebd.: 26f):

> „One can summarise China's new geopolitics as an attempt to establish control over the infrastructure that is necessary for the flow of critical information and data as well as goods and services ('flow control')." (ebd.: 27).

Daher hält es Rühlig für möglich, dass internationale Standardisierung in Zukunft nicht mehr primär von Privatakteuren, sondern vom geopolitischen Wettstreit zwischen Nationalstaaten geprägt sein könnte (vgl. ebd.: 21). Rühligs Fokus auf die Anwendung chinesischer Standards außerhalb internationaler Institutionen im Rahmen von *BRI*-Projekten ist der Grund, weshalb er auch von der Möglichkeit unterschiedlicher technologischer Einflusssphären spricht (vgl. ebd.: 10).

Diese Schlussfolgerungen Rühligs lassen sich auch auf den Kontext einer Beteiligung Huaweis am 5G-Ausbau in Europa übertragen. So hätte ein Erfolg der Bemühungen chinesischer Unternehmen auf dem europäischen 5G-Markt demnach weitreichende Konsequenzen, denn die jeweiligen Staaten würden dadurch nicht nur langfristig in ein Abhängigkeitsverhältnis zu Firmen wie Huawei treten. Vielmehr würden chinesische 5G-Standards auch grundsätzlich an Bedeutung gewinnen und selbst nicht-chinesische Unternehmen müssten sich fortan auf diese einstellen, unabhängig von den in internationalen Organisationen offiziell festgelegten Standards. Eine Internationalisierung chinesischer 5G-Standards würden sich also anbahnen, wie sie auch vonseiten der chinesischen Regierung gewünscht ist.[20]

Hinsichtlich des internationalen Aufbaus von 5G-Infrastruktur durch chinesische Unternehmen ist zudem die Frage zentral, ob der chinesische Staat die im Ausland gesammelten Daten sogar in politisches Kapital etwa zur Einflussnahme umwandeln könnte. Die beiden Spionagefälle bei der Afrikanischen Union legen nahe, dass auch Vorab-Erkenntnisse über politische Entscheidungsprozesse anderer Staaten beziehungsweise Organisation für die chinesische Führung einen Wert haben. Die Möglichkeit, in die 5G-Infrastruktur anderer, teilweise sogar rivalisierender Länder eindringen

---

[20] Siehe Seite 30f.

zu können und Daten abzugreifen beziehungsweise im Extremfall sogar großflächig Sabotage verüben zu können, wäre ein Instrument mit massivem Macht- und Einflusspotenzial. Auch wenn ein solcher aggressiver Eingriff durch die Volksrepublik China aktuell noch unrealistisch erscheinen mag, wäre dieser trotzdem nicht auszuschließen. Insbesondere das mutmaßliche Eindringen chinesischer Hacker in kritische Infrastruktur der USA 2023 suggeriert, dass es sich bei diesen Überlegungen nicht um ein undenkbares Schreckensszenario handelt. Ein chinesisches Ausnutzen der 5G-Infrastruktur zur Industriespionage erscheint aufgrund von Chinas belasteter Vergangenheit in diesem Bereich sogar als nicht unrealistisch. Vor diesem Hintergrund ist ein Ausschluss Huaweis vom Aufbau der kritischen Infrastruktur westlicher Staaten verständlich und könnte sogar als zwingend notwendig charakterisiert werden. Schließlich ist der zentrale Punkt nicht die Frage, ob Peking eine solche Einflussnahme tatsächlich plant oder sogar bereits umsetzte, sondern dass dies grundsätzlich nicht auszuschließen ist und demnach ein massives Sicherheitsrisiko darstellt.

Wie der chinesische, aber auch US-amerikanische globale Zugriff auf sensible Daten in Zukunft ein Mittel zur Einflussnahme oder sogar direkter Kontrolle werden könnte, beschrieb Yuval Noah Harari 2019 in einem Artikel für die Fachzeitschrift *Foreign Policy*:

> „To hack humans, governments and corporations need access to enormous amounts of information about real-life human behavior, which makes data perhaps the most important resource in the world. But most of the world's data is mined by the United States, China, and companies based there. If this trend continues, the world could soon witness a new kind of colonialism – data colonialism – in which raw information is mined in numerous countries, processed mainly in the imperial hub, and then used to exercise control throughout the world. For example, data giants in San Francisco or Shanghai could compile the entire medical and personal history of politicians and officials in distant countries and use it to influ-

ence them or manipulate public opinion about them" (Harari 2019).[21]

[21] Hararis Einschätzung zur Bedeutung der Daten ist nicht neu, denn schon 2006 erklärte der Mathematiker Clive Humy: „Data ist the new oil" (Arthur 2013). Seit 2001 werden zudem laut Russel und Norvig Stimmen lauter, die davon ausgehen, dass auch bei der Entwicklung Künstlicher Intelligenz primär die Daten von Bedeutung sind und die Frage danach, welcher Algorithmus verwendet werden solle, an Relevanz verloren hätte (vgl. Russel/Norvig 2010: 27).

6. Der sino-amerikanische „Chip War“

Nicht nur im Rahmen von Hararis hypothetischem Szenario des „Datenkolonialismus“ werden die dominierenden Pole in den USA und China verortet. So befinden sich beide Staaten aktuell in einem gegenseitigen Technologiewettstreit, der deutlich folgenreicher ist als die in Kapitel 5 thematisierte Anti-Huawei-Kampagne der USA;[1] die Rede ist vom sogenannten „Chip War“[2].

6.1 Technologische Hintergründe und Struktur der Chipindustrie

Unter der eingangs[3] definierten Chip-Begrifflichkeit werden verschiedene Halbleiterarten zusammengefasst, die sich hinsichtlich ihrer Funktionalität und der jeweiligen Design- und Fertigungsprozesse deutlich voneinander unterscheiden (vgl. Singh et al. 2023: 1). Konkret wird dabei zwischen den folgenden Halbleitertypen differenziert: „logic, memory, analog, optoelectronics, sensors, and discretes“ (ebd.: 1).

Die sogenannten *Logic Chips* gelten als „Gehirn“ von Computern, da sie auf Basis des Binärsystems Informationen verarbeiten (vgl. ebd.: 2). Dazu zählen CPUs für allgemeine Kalkulationen sowie GPUs, die beispielsweise beim Rendern von Videos zum Einsatz kommen (vgl. ebd.: 2). Letztere dominieren vor allem auch das Training von KI-Algorithmen (vgl. Khan et al. 2021: 18; vgl. OpenAI 2018). So entwarfen die US-amerikanischen Firmen NVIDIA und Google *Logic Chips*, die auf den Einsatz im KI-Bereich abgestimmt sind und insbesondere den Energieverbrauch reduzieren (vgl. Singh et al. 2023: 2f.). Ebenfalls zu dieser Subkategorie von Computerchips gehören *microcontroller*, die auf bestimmte Anwendungsgebiete zugeschnitten sind und etwa für die Stromversorgung von Autositzen und -fenstern relevant sind (vgl. ebd.: 2). Schließlich sind sogenannte *Field-programmable gate arrays (FGPA)* als weitere Beispiel für *Logic Chips* zu nennen (vgl. Khan 2021 et al. 2021: 18). Die Besonderheit von *FPGAs* besteht darin, dass diese Chips umprogrammierbar sind und dadurch

[1] Auch wenn der Konflikt um Huawei als Teil beziehungsweise Vorläufer dieses Wettstreits gesehen werden kann.
[2] Siehe Einleitung.
[3] Siehe Einleitung.

spezifische Kalkulationen etwa bei der KI-Algorithmik durchgeführt werden können (ebd.: 18).

Während *Logic Chips* das „Gehirn" von Computern sind, handelt es sich bei den sogenannten *Memory Chips* hingegen um ihr „Gedächtnis". So speichern diese Art von Chips die digitalen Daten, mit denen *Logic Chips* rechnen (vgl. ebd.: 19). Unterschieden wird dabei zwischen den *Memory*-Chiptypen *Dynamic random-access memory (DRAM)* und *NAND flash (NAND)* (vgl. ebd.: 66f.). Während die Daten im Rahmen des *DRAM*-Modells nur so lange gespeichert werden, wie der Computer eingeschaltet ist, beschreibt *NAND* stattdessen die permanente Speicherung von Daten (vgl. ebd.: 19). Zur Leistungssteigerung der *NAND*-Chips werden inzwischen im Rahmen eines dreidimensionalen Konzepts Gedächtniszellen aufeinandergestapelt (vgl. Singh et al. 2023: 4). Dadurch wird neben der Speicherkapazität auch die Geschwindigkeit, mit der die Daten ausgelesen und festgehalten werden, verbessert (vgl. ebd.: 4).

Logic und *Memory Chips* werden primär in großer Stückzahl hergestellt, wohingegen es sich bei den sogenannten *Analog Chips* um Halbleiter handelt, die überwiegend in kleineren Mengen hergestellt werden (vgl. ebd.: 6). Ursächlich dafür ist, dass diese Art der Chips mehrheitlich für bestimmte Anwendungsbereiche beziehungsweise Verbraucher konzipiert werden (vgl. ebd.: 6). So verarbeiten sie etwa auf Basis von Sensoren Impulse wie Temperaturen und Geschwindigkeiten in digitale Signale, mit denen dann Computer arbeiten können (vgl. ebd.: 6). Konkret kommt dieser Chip-Subtyp bei 5G, Bluetooth und WLAN zum Einsatz wie auch bei militärischer Aufklärung beziehungsweise Überwachung[4](vgl. ebd.: 6).

Die letzte Unterklassifikation von Chips umfasst „optoelectronics, sensors and discretes" (ebd.: 1). Optoelektronische Halbleiter arbeiten mit Licht und werden etwa bei *light emitting diodes (LED)* sowie Bildsensoren in Mobiltelefonen verwendet (vgl. ebd.: 7). Sensoren sollen die oben genannten Werte, die von analogen Chips transformiert werden, erfassen (vgl. ebd.: 7). Die als *discretes* bezeichneten Halbleiter sind hingegen eher eindimensional und beschränken sich auf einzelne elektrische Aufgaben, wie beispielsweise die Regelung des Stromflusses eines Chips (vgl. ebd.: 7).

Bis in die 1980er Jahre führten Unternehmen – auch *integrated device manufacturer (IDM)* genannt – in der Regel alle Arbeitsschritte zur Her-

---

[4] Insbesondere im Zusammenhang mit Radar, Sonar und Infrarot (vgl. ebd.: 6).

stellung von Halbleitern intern durch (vgl. ebd.: 13). Eine firmen- und länderübergreifende Produktionskette bestand damals also noch nicht.[5] Während das *IDM*-Modell noch bei der Produktion von *Memory* und *Analog Chips* verbreitet ist, hat sich bei besonders fortgeschrittenen *Logic Chips* inzwischen eine Produktionskette aus mehreren – in nur wenigen Ländern verorteten – Unternehmen aufgebaut, deren Teilnehmer jeweils auf bestimmte Felder der Chip-Herstellung spezialisiert sind (vgl. ebd.: 13f.). Konkret besteht diese Wertschöpfungskette aus: Forschung und Entwicklung, Chip-Design, *Manufacturing* beziehungsweise der eigentlichen Chip-Produktion, *Assembling, Testing* sowie *Packaging* und schließlich dem Vertrieb (vgl. SIA/NIA 2016: 4, 6). Nicht direkt Teil der Herstellungskette, aber dennoch im „Ecosystem“ (ebd.: 6) der Halbleiterindustrie zu verorten, sind Unternehmen aus den Bereichen *Intellectual Property (IP)* und *Electronic Design Automation (EDA)* ebenso wie Lieferanten von Rohmaterialien und Equipment (vgl. ebd.: 6). Der Bereich Forschung und Entwicklung ist zwar nicht Teil des eigentlichen Produktionsprozesses, wird aber dennoch von Organisationen wie der *Semiconductor Industry Association (SIA)* zur Wertekette der Chipindustrie gerechnet (vgl. ebd.: 4).

Bei dem auf die Forschung folgenden Produktionsschritt, dem Chip Design, entwerfen Unternehmen neue Halbleiter für die Herstellung, wobei sie auf die oben genannte *EDA*-Software zurückgreifen (vgl. Singh et al. 2023: 14). *Electronic Design Automation (EDA)* bezeichnet die Lizenzen für eine Art Basis des Chip-Designs, auf der die Entwickler aufbauen können (vgl. ebd.: 14). Die Verwendung von *EDA*-Lizenzen ist vorteilhaft, weil Chip-Designer die hochkomplexen Halbleiter dadurch nicht stets in Gänze neu entwerfen müssen, sondern sich auf die angestrebten Innovationen konzentrieren können (vgl. ebd.: 14). Diese geschützten Komponenten, auch *intellectual property (IP) blocks* genannt, sind vielfach in Computern zu finden und erfüllen dort etwa Aufgaben zur Gewährleistung der WLAN-Verbindung (vgl. ebd.: 14).

Der auf das Design folgende Schritt in der Wertschöpfungskette ist die Produktion der Halbleiter in *fabs* oder *foundries* (vgl. ebd.: 15).[6] So werden

---

[5] Diese internationale Produktionskette wird im Folgenden sowie auch in Kapitel 6.2 dargestellt.

[6] Unternehmen, die Chips designen, aber nicht selbst produzieren gelten daher als *fabless* (vgl. ebd.: 3).

die Chips auf sogenannten *wafers* hergestellt (vgl. ebd.: 15). Dabei handelt es sich um kreisförmige und in der Regel aus Silikon bestehende Schichten, die einen Durchmesser von bis zu 30 Zentimeter aufweisen und auf denen sich Hunderte kleiner Chips befinden (vgl. ebd.: 15). Um diese Chips mit Milliarden elektronischer Komponenten auszustatten, werden die *wafer* mit lichtreaktivem Material bedeckt und in einem als *photolithography* bezeichneten Arbeitsschritt durch eine Art Schablone mit Licht bestrahlt (vgl. ebd.: 15). Nach Abschluss dieses Prozesses können die Materialien, die nicht auf das Licht reagierten und das darunter liegende Silikon entfernt werden, wodurch Muster auf den *wafern* erzeugt werden (vgl. ebd.: 15).[7]

Im Rahmen des nächsten Vorgangs in der Wertekette *Assembly, Testing* und *Packaging (ATP)* werden die Chips dann aus den *wafern* herausgeschnitten, einem Leistungstest unterzogen und letztlich so verpackt, dass sie einsatzbereit sind (vgl. ebd.: 16).

Auch der Zugang zu Materialien, Chemikalien und Gasen spielt für die Halbleiterindustrie eine große Rolle (vgl. ebd.: 16). Neben Silikon werden etwa Fluorwasserstoff, Salpetersäure und Helium- sowie Neongas verwendet (vgl. ebd.: 16). In Bezug auf das letztgenannte Neon ist der Halbleitersektor für nahezu 90 Prozent der weltweiten Nachfrage nach dem Gas verantwortlich, welches für die Produktion der beim Fotolithografie-Prozess verwendeten Laser nötig ist (vgl. ebd.: 16).

Aus Daten[8] der *Semiconductor Industry Association (SIA)* für das Jahr 2021 ergibt sich, dass mit Ausnahme der Material- und *ATP*-Sektoren nur Unternehmen mit Sitz in den USA, Japan, Südkorea, Taiwan, China und Europa einen nennenswerten Anteil an der globalen Chipindustrie haben (vgl. SIA 2022: 21f.). Die USA dominieren vor allem den Design-Prozess insbesondere im Hinblick auf *Logic Chips* und das *EDA*- und *IP*-Segment

---

[7] Der Manufakturprozess ist hochkomplex; allein die Herstellung der fortgeschrittenen *Logic Chips* erfordert mehr als 1.000 Arbeitsschritte (vgl. ebd.: 15) und kann an dieser Stelle daher nur verkürzt wiedergegeben werden.

[8] Die im Folgenden genannten Anteile und Prozentsätze beziehen sich auf die regionalen Anteile am akkumulierten Wert des Outputs der jeweiligen Chip-Segmente (vgl. ebd.: 21f.). Doch, wie im folgenden Kapitel deutlich werden wird, können diese Anteile ein falsches Bild der tatsächlichen Leistungsfähigkeit von Unternehmen suggerieren. So setzen quantitativ hohe Absatzzahlen nicht voraus, dass die entsprechenden Produkte technologisch auf dem höchsten Stand sind.

sowie auch bei dem für die Produktion nötigen Equipment (vgl. ebd.: 21f.). Europäische Unternehmen weisen ihre höchsten Anteile ebenfalls im *EDA*- beziehungsweise *IP*- und Equipmentbereich auf, kommen aber selbst in diesen Sektoren bezogen auf den Wert des gesamten Outputs der Industrie nur auf Anteile von ungefähr 20 Prozent. (vgl. ebd.: 21f.). Firmen aus China sind zwar die deutlich größten Akteure des *ATP*-Produktionsschritts sowie knapp führend bei der *wafer*-Produktion, darüber hinaus aber lediglich bei einigen Materialien relevant (vgl. ebd.: 21f.).[9] Die Rolle chinesischer Unternehmen in der globalen Chipindustrie ist also in diesem Kontext verglichen mit den USA überschaubar, obwohl dieser Wirtschaftssektor wie im Folgenden erläutert wird, seit Jahren massiv staatlich subventioniert wurde.

6.2 Die chinesische Halbleiterindustrie in der Gegenwart – Stagnation trotz umfassender Subventionierung

2014 gab der Staatsrat der Volksrepublik China eine Richtlinie mit dem Titel „Guideline for the Promotion of the Development of the National Integrated Circuit Industry“ (siehe State Council o.J.) heraus (vgl. China Daily 2014). Im Rahmen des Dokuments wurde festgestellt, dass die *integrated circuit industry* beziehungsweise Halbleiterindustrie nicht nur Kernstück der IT-Wirtschaft, sondern auch für die Volkswirtschaft, die nationale Sicherheit und die soziale Entwicklung des Landes von Bedeutung sei, weshalb der Fortschritt in der heimischen Halbleiterindustrie beschleunigt werden müsse (vgl. State Council o.J.: 1). Die chinesische Führung zeigte sich zufrieden mit dem Wachstum in den Segmenten Verpackung, Tests, Equipment und Materialien (vgl. ebd.: 1). Allerdings fällt die Defizitliste deutlich länger aus und umfasst die Diagnose von Problemen in den Bereichen Finanzierung, Innovation sowie die schwache Integration in die Wertschöpfungskette und eine hohe Abhängigkeit von Importen aus dem Ausland (vgl. ebd.: 1). Bis zum Jahr 2030 soll die chinesische Halbleiterindustrie daher nach dem Wunsch Pekings bei sämtlichen relevanten

---

9 Die Bedeutung japanischer, südkoreanischer, taiwanesischer sowie niederländischer Halbleiterfirmen wird erst im Folgenden näher beleuchtet, da ihre Relevanz vor allem durch eine qualitative Betrachtung deutlich wird.

Produktionsschritten[1] ein auch im internationalen Vergleich fortschrittliches Niveau erreicht haben und einige Unternehmen sollen in ihren Bereichen sogar weltweit führend werden (vgl. ebd.: 3). Die Mittel zur Umsetzung dieser Pläne ähneln dabei der ein Jahr später erschienenen *MIC25*-Strategie. So wird neben der finanziellen Unterstützung durch Banken, Investmentfonds oder die Schaffung von Steueranreizen auch die Anwerbung ausländischer Fachkräfte angekündigt sowie auf weitere internationale Kooperationen gesetzt (vgl. ebd.: 4). Konkret solle ein „national integrated circuit industry investment fund" (ebd.: 4) geschaffen werden. Dieser auch als *Big Fund* bezeichnete Fonds hatte in zwei Fünfjahresphasen seit 2014 ein Volumen von insgesamt 339 Milliarden Renminbi Yuan beziehungsweise circa 46 Milliarden US-Dollar[2] (vgl. Liu/Cheng 2023; vgl. Finanzen.net 2023). Im Jahr 2023 stimmte die chinesische Regierung der dritten Phase mit einem Volumen von 300 Milliarden Renminbi Yuan beziehungsweise 41 Milliarden US-Dollar zu, auch wenn laut Informationen der *Financial Times* im September 2023 noch Probleme dabei bestanden hätten, diese Summe tatsächlich aufzubringen (vgl. Liu/Cheng 2023). Die Kapitalgeber des Fonds waren bislang das Finanzministerium, lokale Regierungen sowie Staatsunternehmen (vgl. ebd.).[3]

Das erneute Aufgreifen der Ziele von 2014 auch im Rahmen von *MIC25* unterstreicht die Komplementarität der beiden Pläne ebenfalls:

> „Integrated circuits and special equipment: Focus on improving the level of integrated circuit design, continuously enrich IP cores and design tools, achieve breakthroughs in the core general purpose chips that are related to the development of national information security and cybersecurity and the electronic complete machine industry, and improve the application adaptability of domestic chips. Master high-density packaging and 3D micro-assembly technology and improve our independent development capabilities in the packaging

---

[1] Genannt werden ähnlich der oben visualisierten Wertschöpfungskette: Design, Herstellung, Verpackung und Testung sowie Equipment und Materialien (vgl. ebd.: 3).

[2] Nach dem Wechselkurs vom November 2023 (vgl. Finanzen.net 2023).

[3] Auch in dieser Hinsicht weist der Plan also Parallelen zu MIC25 auf (siehe Seite 31f.).

> industry and for testing. Form supply capabilities for key manufacturing equipment“ (PRC State Council 2022: 19).

Eine *MIC25* ergänzende *Roadmap* konkretisiert diese Pläne mit den zu erzielenden prozentualen Marktanteilen an der globalen und heimischen Chipindustrie:

> „China's IC [integrated circuit] market will account for 36% of the global market in 2015, rise to 43.35% in 2020, and then 46% in 2030, becoming the world's largest IC market. The local value of output […] of Chinese-made integrated circuits is expected to reach US$48.3 billion in 2015, meeting 41% of domestic market demand. This value is expected to reach US$85.1 billion in 2020, meeting 49% of domestic market demand. In 2030, it is expected to reach US$183.7 billion, meeting 75% of domestic market demand” (The State Strategic Advisory Committee for Building China into a Manufacturing Superpower 2020: 2).

Die Erhöhung der Marktanteile in der chinesischen Halbleiterindustrie wird dabei explizit in einen Zusammenhang mit einer verbesserten „self-sufficiency“ (ebd.: 2), also der Verringerung von Auslandsabhängigkeiten, gesetzt und als wichtiges Ziel hervorgehoben:

> „From the above data, it is clear that meeting domestic market demand and increasing the self-sufficiency of IC products while meeting national security needs and dominating […] the market for strategic products have always been the greatest needs and motivations for the development of the IC industry” (ebd.: 2).

Die oben[4] thematisierte Bedeutung chinesischer Firmen für die internationale Chip-Wertekette deutet allerdings bereits darauf hin, dass die Strategie der Volksrepublik China in diesem Bereich bislang keinen durchschlagenden Erfolg hatte. Eine von *MERICS und* der Stiftung *Neue Verantwortung* publizierte Studie zur chinesischen Halbleiterindustrie im Jahr 2021 (siehe Lee/Kleinhans 2021) zeigt sogar, dass eine Messung der Leistungsfähigkeit chinesischer Halbleiterunternehmen auf Basis ihrer Anteile am

---

[4] Siehe Seite 68f.

Output der globalen Halbleiterindustrie beschönigend wirkt. Schließlich werden dadurch die im Folgenden erläuterten Defizite des Chip-Standorts China im *High-End*-Segment der Wertschöpfungskette unterschlagen.

So hat sich laut Lee und Kleinhans zwar die Anzahl der chinesischen Chip-Design-Unternehmen von 2015 bis 2020 verdoppelt, allerdings befinden sich deren Produkte im Hinblick auf ihre Leistungsfähigkeit überwiegend im unteren bis mittleren Marktsegment, während US-amerikanische Firmen den Markt für *fabless*- und *system*-Chip Design dominieren[5] (vgl. Lee/Kleinshans 2021: 21, 23). *Fabless* steht für das bereits oben beschriebene[6] im Hinblick auf *Logic Chips* verbreitete Geschäftsmodell, Chips zwar zu designen, andere Arbeitsschritte wie die eigentliche Produktion jedoch an *fabs* auszulagern (vgl. Singh et al. 2023: 3, 13). Unternehmen wie Apple oder Amazon, die hingegen den *System*-Ansatz verfolgen, entwickeln Chips ausschließlich für sich selbst und verkaufen diese nicht weiter (vgl. ebd. Lee/Kleinshans 2021: 21, 76).[7]

In diesem Kontext ist insbesondere NVIDIA aus den USA hervorzuheben, dessen KI-Chip-Marktanteil gegenwärtig[8] auf mehr als 70 Prozent geschätzt wird (vgl. Clark 2023). Dementsprechend wird NVIDIA auch als „The most visible winner of the artificial intelligence boom“ (ebd.) und diese Technologieführerschaft des Konzerns als „impregnable lead“ (ebd.) beschrieben. Lee und Kleinhans gingen 2021 allerdings davon aus, dass sich im Bereich des Chip-Designs für die chinesische Industrie die aussichtsreichsten Möglichkeiten ergeben werden, die Technologieführer bis 2030 einzuholen (vgl. Lee/Kleinshans 2021: 24). Ganz anders stellt sich die Situation im *EDA*-Marktsegment dar, das zu 90 Prozent von den vier US-amerikanischen Firmen Synopsys, Cadence, Ansys und Mentor Graphics[9] kontrolliert wird (vgl. Cheng/Li 2020). Insbesondere für die Produktion hochentwickelter *Logic Chips* sei der Zugang zu den Leistungen von Synopsys, Cadence und Mentor alternativlos (vgl. Lee/Kleinshans

---

[5] Siehe Seite 68f.

[6] Siehe Seite 67f.

[7] Die Situation in Bezug auf *Memory Chips*, bei deren Herstellung das integrierte *IDM*-Modell noch verbreitet ist (siehe Seite 67) wird im Folgenden noch thematisiert werden.

[8] Stand Dezember 2023.

[9] Mentor wurde 2017 von der deutschen Firma Siemens übernommen, operiert aber nach wie vor in den USA (vgl. Cheng/Li 2020).

2021: 26). Auch unter Einsatz umfangreicher Subventionen ist eine Ablösung dieser Marktführer als Anbieter von *EDA*-Lösungen für das Design fortschrittlichster Chips nach Einschätzung Lees und Kleinhans‘ nicht realistisch (vgl. ebd.: 28f.). Dementsprechend handele es sich dabei für die USA beziehungsweise China um einen *choke point*[10] in der Wertschöpfungskette der globalen Chipindustrie, welcher durch Exportkontrollen ausgespielt werden könne (vgl. ebd.: 29).[11] Auch im *IP*-Segment prallen chinesische Ambitionen auf die Realität, insbesondere hinsichtlich der grundlegenden Design-Architektur von Chips, die als *instruction set architecture (ISA)* bezeichnet wird (vgl. ebd.: 30). Die relevantesten *ISAs* sind *x86*, *ARM* und *RISC-V* (vgl. ebd.: 30).

x86 ist die bedeutendste Design-Architektur für Chips, die in Computern und Servern Verwendung finden und wird von den US-amerikanischen Unternehmen Intel und AMD sowie von der Firma VIA aus Taiwan dominiert (vgl. ebd.: 30). Das Äquivalent zu *x86* bei Mobiltelefonen und Tablets ist die *ARM*-Architektur des gleichnamigen Unternehmens *Arm Ltd.*, das sein Zentrum im Vereinigten Königreich hat, aber im Besitz der japanischen Softbank ist (vgl. Lee/Kleinhans 2021: 31; Singh et al. 2023: 15; vgl. Gayde 2020). *RISC-V* hingegen ist eine Prozessor-Architektur, die sich dadurch auszeichnet, dass sie nicht geschützt und dementsprechend kostenlos verfügbar ist (vgl. Lee/Kleinshans 2021: 31). Lee und Kleinhans halten es für denkbar, dass chinesische Unternehmen bei *RISC-V*-Anwendungen in Zukunft eine führende Rolle einnehmen könnten (vgl. ebd.: 33). Allerdings schlussfolgern die Autoren:

> „Nonetheless, RISC-V is just one type of IP, and it is nearly impossible for Chinese IP suppliers to provide internationally competitive IP for all or most categories within the next 10 years” (ebd.: 33).

Bei der *Logic-Chip*-Fertigung ist es für chinesische Firmen laut Lee und Kleinhans hingegen ähnlich aussichtlos wie im *EDA*-Segment, mit der Weltspitze gleichzuziehen (vgl. ebd.: 38). So habe sich die Industrie seit

---

[10] Die deutsche Übersetzung „Engpass“ kommt diesem Begriff nicht nah genug, da sie die „erstickende“ (*choke*) Komponente nicht widerspiegelt, weshalb im Folgenden der englische Ausdruck verwendet wird.

[11] Die Sanktionen der USA gegen die chinesische Chipindustrie werden im folgenden Kapitel näher betrachtet.

der Jahrtausendwende aufgrund der Gesetzmäßigkeit von *Moore's Law*[12] sukzessive monopolisiert, und inzwischen werden die fortschrittlichsten *Logic Chips* mit einer Strukturgröße von maximal fünf Nanometern nur noch von Samsung in Südkorea und dem taiwanesischen Unternehmen TSMC hergestellt (vgl. Lee/Kleinhans 2021: 35; vgl. Hebner et al. 2021: 1f.).[13] Die Bedeutung TSMCs ist allerdings noch einmal deutlich herauszustellen, da im Jahr 2019 92 Prozent der weltweit produzierten *Logic Chips* mit einer Strukturgröße von weniger als 10 Nanometern in Taiwan und nur 8 Prozent in Südkorea hergestellt wurden (vgl. Varas 2021 et al. 2021: 35).

Der Markt für *Memory Chips* wird von Samsung sowie von dem ebenfalls südkoreanischen Konzern SK Hynix dominiert (vgl. Kleinhans/Basaikova 2020: 21). SK Hynix folgt dem klassischen *IDM*-Modell, übernimmt also das Design, die Herstellung und den Verkauf ihrer Chips selbst (vgl. Lee/Kleinhans 2021: 34),[14] während Samsung als Unternehmen auch für andere Firmen fertigt (vgl. Singh et al 2023: 3).[15] Beide Konzerne stellen zusammengenommen ungefähr 90 Prozent der weltweit verkauften *High Bandwith Memory (HBM) Chips* her, welche zentral für das Trainieren von KI-Systemen sind (vgl. Davies/Song 2023). So werden in den 2024 erscheinenden KI-Chips von NVIDIA mehrere *HBM*-Module der neuesten Generation *HBM3E* integriert sein (vgl. Kim 2023). Hinsichtlich der Vorgängergeneration *HBM3* nimmt SK Hynix sogar eine Monopolstellung bei der Versorgung NVIDIAS ein (vgl. ebd.). Dennoch sei es laut Lee und Kleinhans realistischer, dass chinesische Firmen in Zukunft bei der *Memory-Chip*-Fertigung internationale Wettbewerbsfähigkeit erreichen würden, als bei der Produktion von *Logic Chips* (vgl. Lee/Kleinhans 2021:

---

[12] Zur Definition und Einordnung von *Moore's Law*: „The seemingly unshakeable accuracy of Moore's law – which states that the speed of computers, as measured by the number of transistors that can be placed on a single chip, will double every year or two – has been credited with being the engine of the electronics revolution" (Mollick 2006: 62).

[13] Zu den Strukturgrößen: „These labels [Die Angabe in Nanometer] are not indicative of the chip's size or a physical aspect of the chip. Rather, the labels reflect different generations or technology nodes, with lower numbers representing more advanced manufacturing capabilities" (Singh et al. 2023: 3).

[14] Siehe auch Seite 67 zum *IDM*-Modell.

[15] Siehe die oben thematisierte Bedeutung Samsungs bei der Produktion von *Logic Chips*.

39),[16] auch wenn die beiden Chiptypen insbesondere im KI-Bereich natürlich nicht voneinander zu trennen sind.

In Bezug auf das oben genannte Mooresche Gesetz betont Chris Miller, dass es sich dabei um eine – bislang überraschend valide – Prognose, nicht um eine naturwissenschaftliche Gesetzmäßigkeit handelt und relativiert gleichzeitig dessen Bedeutung für die Chipindustrie (vgl. Miller 2022: 348-351):

> „So the important question isn't whether we're finally reaching the limits of Moore's Law as Gordon Moore initially defined it – exponential increase in the number of transistors per chip – but whether we've reached a peak in the amount of computing power a chip can cost-effectively produce. Many thousands of engineers and many billions of dollars are predicting not" (Miller 2022: 350f.).

Analog dazu wies Paul Scharre in einem 2023 in *Foreign Policy* erschienen Artikel auf die enorm gestiegene Nachfrage des KI-Sektors nach „computing hardware“ (Scharre 2023: 37) hin:

> „The amount of computing hardware used in training cutting-edge machine learning models has increased by a factor of 10 billion since 2010 and is doubling about every six months. (Growth in computing hardware to train the largest models is doubling about every 10 months.) This is much faster than the 24-month doubling in chip performance seen since the 1970s, sometimes characterized as Moore's law. This growth is also much faster than hardware improvements alone, so AI labs are making up the difference by buying more chips" (ebd.: 37).

Der Bedarf nach den fortschrittlichsten Halbleiterchips erhöht sich also um ein Vielfaches schneller als ihre Leistungsfähigkeit, weshalb insbesondere die Skalierbarkeit der Produktion zentral ist.

---

[16] In diesem Kontext verweisen die beiden Autoren auf einen Artikel, der entsprechende Bemühungen des chinesischen Konzerns Yangtze Memory Technologies Co. hervorhebt (vgl. Patterson 2020; Lee/Kleinhans 2021: 39).

Der Herstellungssektor für weniger anspruchsvolle *Logic Chips* mit Strukturgrößen von mindestens zehn Nanometern ist jedoch stärker diversifiziert und weist neben Samsung und TSMC auch UMC aus Taiwan, Globalfoundries aus den USA sowie SMIC[17] und Huahong als relevante chinesische Akteure auf (Lee/Kleinhans 2021: 35). Allerdings hatten die fortschrittlichsten Chips aus der Produktion von SMIC und Huahong 2021 lediglich eine Strukturgröße von 14 Nanometern beziehungsweise 28 Nanometern und SMIC erzielte 90 Prozent seines Umsatzes im Chip-Segment von 40 Nanometern oder mehr (vgl. ebd.: 37).[18] Das Einholen von TSMC und Samsung im *High-End*-Bereich durch neue oder alte Player ist laut Lee und Kleinhans dementsprechend nicht nur aufgrund immenser Kosten, sondern auch wegen des dafür nötigen technologischen Wissens nicht realistisch (vgl. ebd.: 36). Auch bei den für die Fertigung fundamentalen *silicon wafers* verfüge China kaum über Kompetenzen, was allerdings von geringerer Bedeutung sei:

> “In theory, silicon wafers are a substantial chokepoint for Chinese fabs as they almost exclusively rely on non-Chinese wafer suppliers. However, this chokepoint has not been exploited by the U.S. government because there are no dominant U.S. wafer suppliers, or U.S. firms dominant in the upstream value chain for foreign wafer suppliers. This explains why (compared to other critical inputs, such as chemicals, SME or EDA) wafers have not played a key role in the US–China technology rivalry” (ebd.: 51).

Der sich anschließende *ATP*-Produktionsschritt ist hingegen die Stärke chinesischer Unternehmen in der globalen Chipindustrie (vgl. ebd.: 53).[19] *ATP* zeichnet sich durch besonders hohe Lohnkosten aus, weshalb dieser Teil der Wertschöpfungskette besonders von *Outsourcing* geprägt ist (vgl. ebd.: 52). Doch selbst im *ATP*-Sektor werde das *High-End*-Segment von nicht-chinesischen Firmen dominiert (vgl. ebd.: 54). Ein Wiederaufbau dieser Fähigkeiten in den USA wäre in den Augen Lees und Kleinhans‘

---

[17] SMIC steht für „Semiconductor Manufacturing International Corporation“ (Singh et al. 2023: 4).

[18] Ein aktuell kontrovers diskutierter Fortschritt von SMIC wird im folgenden Kapitel behandelt.

[19] Siehe auch Seite 69.

ebenfalls möglich, da die Einstiegshürden diesbezüglich nur niedrig sind (vgl. ebd.: 56). Zudem würden *ATP*-Akteure von der Abstimmung mit Unternehmen der vorherigen Produktionsschritte profitieren (vgl. ebd.: 52), in denen die USA, wie sich zeigte, teilweise Weltmarktführer sind.

Hinsichtlich des in der Chipindustrie verwendeten Equipments sind die Fähigkeiten chinesischer Firmen jedoch offenbar wieder stark limitiert. Die bedeutendsten Akteure in diesem Marktbereich sind Applied Materials, KLA und Lam Research aus den USA sowie Tokyo Electron aus Japan und das niederländische ASML (vgl. ebd.: 41). Insbesondere die Bedeutung ASMLs ist hervorzuheben, da das Unternehmen ein Monopol auf das fortschrittlichste Lithografie-Equipment hat, ohne das die Herstellung von Chips mit einer Strukturgröße von weniger als 7 Nanometern nicht möglich ist (vgl. ebd.: 41). Konkret handelt es sich dabei um *extreme ultraviolet (EUV)*-Maschinen, die ausschließlich von dem niederländischen Hersteller produziert werden und für die Massenproduktion der gegenwärtig fortschrittlichsten Chips mit einer Strukturgröße von 3 und 5 Nanometern erforderlich sind (vgl. Singh et al. 2023: 18; Khan et al. 2021: 25, 32f.). Die Autoren einer Analyse des *Center for Security and Emerging Technology* bezeichnen die chinesische Schwäche hinsichtlich des Lithografie-Equipments sogar als „China’s most critical chokepoint“ (Khan et al. 2021: 25).

So wurde der Equipment-Marktanteil Chinas 2021 in nahezu allen Sektoren auf weniger als zwei Prozent geschätzt (vgl. Hunt et al. 2021: 11). Daher schlussfolgern auch Lee und Kleinhans:

> „However, even if Chinese SME [Semiconductor manufacturing equipment] vendors catch up in certain types of equipment (more likely in the back-end than in the front-end), it is nearly impossible for China to ‘de-Americanize’ within this decade across the dozens of types of equipment necessary for wafer fabrication” (Lee/Kleinhans 2021: 43).

Bei den nötigen Materialien und Chemikalien seien ebenfalls nicht Firmen aus China führend, sondern Produzenten mit Standorten in Japan, den USA und Europa (vgl. ebd.: 45). Hervorzuheben ist jedoch die Rolle der Volksrepublik bei „seltenen Erden“[20]. So dominiert China die Ausbeutung von neun beziehungsweise die Raffination von 14 der 17 dieser Rohstoffe (vgl. Varas et al. 2021: 43). Lee und Kleinhans halten es jedoch für wenig plausibel, dass die chinesische Regierung diesen Vorteil in Zukunft aggressiv ausspielen wird, da dies international aller Voraussicht nach auf massive Kritik stoßen würde (vgl. Lee/Kleinhans 2021: 47).[21] Auch wenn China gute Chancen hätte bei Materialien, die im *ATP*-Produktionsschritt verwendet werden, eine größere Rolle zu spielen, sei ein allgemeiner chinesischer Durchbruch in diesem Sektor insbesondere „for high-performance materials used in cutting-edge wafer fabrication“ (ebd.: 47) unwahrscheinlich (vgl. ebd.: 47).

Trotz großer Ziele, Anstrengungen und Investitionen sind die Fähigkeiten der chinesischen Chipindustrie also nach wie vor stark limitiert und beschränken sich – sofern vorhanden – auf *Low-* bis *Mid-End*-Segmente beziehungsweise auf den quantitativ hohen Marktanteil im *ATP*-Segment. Besonders kritisch ist in diesem Kontext, dass nicht nur eine vollständige Auslandsabhängigkeit Chinas in essenziellen Teilen der Wertschöpfungskette zur Herstellung der fortschrittlichsten Chips besteht, sondern auf welche Staaten die Volksrepublik diesbezüglich angewiesen ist. Schließlich befinden sich die *choke points* Chinas in der globalen Chipindustrie laut Chris Miller fast ausschließlich in den USA oder in Staaten, die Miller nachvollziehbarerweise als enge Verbündete der USA charakterisiert (vgl. Miller 2022: 315). So wurde in der obigen Analyse deutlich, dass die USA, insbesondere durch ihre Stellung im *EDA-* und *IP*-Bereich[22] führend beim *Logic-Chip*-Design sind, während die entsprechenden fortschrittlichsten Halbleiter in Südkorea[23] sowie Taiwan unter Einsatz von japanischem, US-amerikanischem und vor allem niederländischem Equipment produ-

[20] Zur Definition „seltener Erden”: „Rare earths are a set of 17 metallic elements with electronic and magnetic properties needed in electronic products. Although these materials account for only a small portion of overall production costs, they are the building blocks of key components in cars, computers, and many other high-value products – and are an often – overlooked vulnerability in global supply chains.” (Varas et al. 2021: 43).

[21] Diese Thematik steht im Zentrum von Kapitel 6.5.3.

[22] Im IP-Segment gehören ebenfalls taiwanesische sowie japanisch-britisch Akteure zu den Weltmarktführern (siehe oben).

[23] Südkoreanische Unternehmen dominieren zudem den *Memory-Chip*-Markt.

ziert werden.[24] Ein Aufbrechen dieser internationalen Monopole durch Alternativen aus China ist offenbar auf absehbare Zeit beziehungsweise bis mindestens 2030 nicht realistisch, weshalb die chinesischen Halbleiterziele von 2014 und 2015 bereits Anfang der 2020er Jahre als unerreichbar charakterisiert werden können. Diese für China bereits kritische Ausgangssituation verschärfte sich jedoch noch einmal deutlich durch einen Erlass der Biden-Administration vom Oktober 2022.

6.3 Die US-amerikanischen Halbleiter-Sanktionen gegen China und bisherige Reaktionen der chinesischen Regierung

Am 7. Oktober 2022 verkündete das *Bureau of Industry and Security (BIS)* des US-Handelsministeriums die Einführung von „New Export Controls on Advanced Computing and Semiconductor Manufacturing Items to the People's Republic of China" (Bureau of Industry and Security 2022: 1). Legitimiert wurde diese Maßnahme mit dem Schutz der nationalen Sicherheit sowie außenpolitischer Interessen (vgl. ebd.: 1). So sollen die Sanktionen einer Verwendung der betroffenen Güter durch das chinesische Militär und bei Menschenrechtsverletzungen entgegenwirken (vgl. edb.: 1), weshalb sie als dezidiert politisch motiviert bezeichnet werden können. Erklärtes Ziel der Kontrollen ist es zudem, den Import fortschrittlicher Halbleiter nach China oder die Fähigkeit des Landes zu deren Herstellung einzuschränken (vgl. ebd.: 1).[1] Darüber hinaus werden in der Verlautbarung explizit die Ziele Chinas, bis 2030 KI-Weltmarktführer zu werden sowie das Militär zu modernisieren, hervorgehoben (vgl. ebd.: 1).[2] Konkret sieht die

---

[24] Miller zeichnet ein ähnliches aber vereinfachtes Bild dieser *choke points* Chinas in der globalen Chipindustrie, da er in diesem Kontext lediglich US-amerikanische *EDA*-Unternehmen, das Monopol Samsungs und TSMCs bei der *Logic-Chip*-Produktion sowie ASML beziehungsweise einen US-amerikanischen Zulieferer ASMLs nennt (vgl. ebd.: 315).

[1] Die Kapazitäten der Volksrepublik im Bereich von *Supercomputing* sollen ebenfalls limitiert werden (vgl. ebd.: 1).

[2] In diesem Zusammenhang erscheint ein Vergleich des sino-amerikanischen „Chip Wars" der Gegenwart mit einem Halbleiterkonflikt der 1980er Jahre zwischen Japan und den USA nicht ratsam, da Letzterer als klassischer Handelsstreit zu charakterisieren ist. Ursächlich für den japanisch-amerikanischen Halbleiterkonflikt war, dass Vertreter der US-Halbleiterindustrie Japan während der 1980er Jahre Dumpingpreise und eine zu geringe Marktoffenheit vorwarfen (vgl. Irwin

Initiative, welche am 21. Oktober 2022 vollständig in Kraft trat, folgende Punkte vor (vgl. Bureau of Industry and Security 2022: 2f.).

„[C]ertain advanced and high-performance computing chips and computer commodities that contain such chips" (ebd.: 2) wie auch "certain semiconductor manufacturing equipment and related items" (ebd.: 2) werden zur Kontrollliste des Handelsministeriums hinzugefügt (vgl. ebd.: 2). Konkret fallen Chips mit den folgenden Spezifikationen unter die neuen Exportkontrollen: „The chip must be both a very powerful parallel processor (300 tera operations per second or higher) and have a very fast interconnect speed (600 gigabytes per second or higher)"[3] (Allen 2022: 3). Durch diese Regelung zielt die Biden-Administration laut Gregory C. Allen darauf ab, die Kontrollen auf Chips zu beschränken, welche zum Training und Betrieb großer KI-Modelle genutzt werden können (vgl. ebd.: 3f.).[4] Analog dazu kommt es zum Erlass neuer Lizensierungsvorgaben, die Güter betreffen, welche relevante Anwendungspotenziale in *fabs* beziehungsweise bei der Chip-Entwicklung auf chinesischem Boden haben (vgl. Bureau of Industry and Security 2022: 2). Sogar der Export von im Ausland produzierten Waren an 28 bestimmte Einrichtungen in China unterliegt fortan entsprechenden Einschränkungen (vgl. ebd.: 2). Genehmigungen zur Ausfuhr von Gütern an *fabs*, die in chinesischem Besitz sind, haben eine „presump-

---

1996: 8ff.). Der Streit mündete 1986 in ein Abkommen, in dessen Rahmen Japan einwilligte, das *dumping* zu beenden und ausländischen Halbleiterfirmen einen Anteil von ungefähr 20 Prozent innerhalb von fünf Jahren auf dem japanischen Markt einzuräumen (vgl. ebd.: 10ff.).

[3] Zur Definition und den Vorteilen des *Parallel processing*: „Parallel processing technologies have become omnipresent in the majority of new processors for a wide spectrum of computing equipment from game computers and standard PC's to workstations and supercomputers. The main reason for this trend is that parallelism theoretically enables a substantial increase in processing power using standard technologies. This results in a substantial reduction in cost compared to that of developing specialized high-performance hardware. Today the processing capacity of a desktop PC with a multicore processor supersedes the compute power of a supercomputer of two decades ago at a fraction of the cost" (Bischof et al 2007: v).

[4] NVIDIA war bereits Ende August 2022 von der US-Regierung angewiesen worden, den Export der KI-fähigen *A100-* und *H100-*Chips nach China zu stoppen (vgl. Nellis/Lee 2022). Dieser Schritt kann daher als Vorbote der Sanktionen vom Oktober 2022 gesehen werden.

tion of denial“ (ebd.: 2)[5], falls dort die folgenden Chips produziert werden (vgl. Bureau of Industry and Security 2022: 2f.)[6]:

> „The relevant thresholds are as follows: Logic chips with non-planar transistor architectures (I.e., FinFET or GAAFET) of 16nm or 14nm, or below; […] DRAM memory chips of 18nm half-pitch or less; […] NAND flash memory chips with 128 layers or more” (ebd.: 2f.).

Von der Regelung betroffen sind also die leistungsfähigsten *Logic* und *Memory Chips*.

Eine Auswertung des *Center for Security and Emerging Technology* aus dem Jahr 2020 zeigt, dass diese über Strukturgrößen definierten Grenzen als Versuch der USA zu verstehen sind, die Produktion KI-fähiger Halbleiter in China im Keim zu ersticken: „near-leading-edge nodes (i.e. ≤16 nm) are used for all of the leading U.S. AI chips we investigated” (Khan/Mann 2020: 29). Der Zugang zu diesen Chips ist laut Khan und Mann demnach von elementarer Bedeutung für KI-Firmen:

> „AI firms’ time and money spent on AI-related computing have become a bottleneck on AI progress. Given leading node AI chips are vastly more cost-effective and faster […] than trailing node AI chips or leading node CPUs, these AI labs therefore need leading node AI chips to continue AI progress” (ebd.: 26).

Als letzte Sanktion wird festgelegt, dass auch die Arbeit von US-Bürgerinnen und -Bürgern in bestimmten chinesischen *fabs* beschränkt werden beziehungsweise von einer Lizenz abhängig sein soll (vgl. Bureau of Industry and Security 2022: 3). Eine „Temporary General License“ (ebd.: 3) könne unter Umständen genutzt werden, um kurzfristige und negative Auswirkungen auf die Lieferketten der Chipindustrie abzufedern, aber nur falls die entsprechenden Güter nicht für den chinesischen Markt bestimmt sind (vgl. ebd.: 3). Allen konkludiert, dass die im Rahmen der US-Halbeiter-

---

[5] Zur Definition von „presumption of denial“: „a license is essentially unobtainable barring extraordinary circumstances” (Miller and Chevalier 2020).

[6] Falls sich die Produktionsstätte im Besitz von „multinationals“ (ebd.: 2) befindet, werde abhängig vom Einzelfall entschieden (vgl. ebd.: 2).

Kontrollen vom Oktober 2022 verhängten Maßnahmen auf vier „interlocking elements“ (Allen 2022: 2) basieren würden:

> „In short, the Biden administration is trying to (1) strangle the Chinese AI industry by choking off access to high-end AI chips; (2) block China from designing AI chips domestically by choking off China's access to U.S.-made chip design software; (3) block China from manufacturing advanced chips by choking off access to U.S.-built semiconductor manufacturing equipment; and (4) block China from domestically producing semiconductor manufacturing equipment by choking off access to U.S.-built components" (Allen 2022: 2).

Neben den Exportkontrollen vom Oktober 2022 ist ebenfalls der sogenannte *Chips and Science Act* vom August desselben Jahres als zentrale Maßnahme der US-Regierung im Halbleiterbereich zu nennen und inkludiert folgende Initiativen:

> „The CHIPS and Science Act provides \$52.7 billion for American semiconductor research, development, manufacturing, and workforce development. This includes \$39 billion in manufacturing incentives, including \$2 billion for the legacy chips used in automobiles and defense systems, \$13.2 billion in R&D and workforce development, and \$500 million to provide for international information communications technology security and semiconductor supply chain activities. It also provides a 25 percent investment tax credit for capital expenses for manufacturing of semiconductors and related equipment" (White House 2022).

Erklärtes Ziel des Vorstoßes ist: „keep the United States the leader in the industries of tomorrow" (ebd.),[7] und auch der *Chips and Science Act* richtet sich explizit gegen die Volksrepublik China (vgl. White House 2022).[8]

---

[7] Dementsprechend sind die finanziellen Anreize nur für den Aufbau von Halbleiterfabriken in den Vereinigten Staaten abrufbar (vgl. Kamin/Kysar 2023: 97).

[8] Der *Chips and Science Act* und die Rhetorik, mit der die Maßnahme angekündigt wurde (siehe ebd.) weist zumindest teilweise Parallelen zu der *MIC25*-Initiative

Als Folge des *Chips and Science Act* wird Intel eine Halbleiterfabrik für 20 Milliarden US-Dollar[9] im US-Bundesstaat Ohio aufbauen und die Firma Micron, welche auf *Memory Chips* spezialisiert ist, kündigte im Oktober 2022 an, 100 Milliarden US-Dollar in den Aufbau der „largest semiconductor fabrication facility in the history of the United States“ (Micron 2022) mit Standort New York zu investieren (vgl. Khanan 2023: 150; Micron 2022). Insbesondere Intel ist hervorzuheben und wird von Chris Miller als „primary hope for advanced manufacturing in the United States” (Miller 2022: 332) bezeichnet. Allerdings weist die Unternehmensstrategie des US-Konzerns laut Miller die Schwachstelle auf, dass Intel dabei auf die Hilfe von TSMC angewiesen ist (vgl. ebd.: 333).

Darüber hinaus stoßen TSMC wie Samsung ebenfalls selbst auf den US-amerikanischen Markt vor. So bauen TSMC für 40 Milliarden US-Dollar und Samsung für 17 Milliarden US-Dollar eine Halbleiterfabrik in den US-Bundesstaaten Arizona beziehungsweise Texas (vgl. Yu 2022; Clark/Browning 2022). TSMC und auch Samsung sind allerdings laut Miller erpicht darauf, den Großteil ihrer Fähigkeiten in der Chipproduktion sowie ihre Spitzentechnologien nicht ins Ausland zu verlagern (vgl. Miller 2022.: 334).[10] Dies spiegelt sich vor allem auch in einer Metapher der ehemaligen taiwanesischen Präsidentin Tsai Ing-wen wider, welche die Halbleiterindustrie ihres Landes im Rahmen eines *Foreign-Affairs*-Aufsatzes 2021 als „silicon shield“ (Tsai 2021: 81) bezeichnete:

---

der Volksrepublik China auf. Diese Feststellung soll nicht als Verurteilung des US-Vorstoßes missverstanden werden, zeigt aber, dass Großprojekte zur Industrieförderung omnipräsent sind und daher kein genuin chinesisches Phänomen darstellen. Analog dazu weisen die Autoren Kamin und Kysar im Rahmen eines *Foreign-Affairs*-Aufsatzes unter der Überschrift „Friend Scaring“ (Kamin/Kysar 2023: 99) darauf hin, dass, motiviert durch die US-Initiative, auch Südkorea, Japan und die Europäische Union Subventionen für ihre jeweiligen Halbleitersektoren erlassen haben oder dies planen (vgl. ebd.: 99). Taiwan habe diesbezüglich ebenfalls bereits Steuererleichterungen beschlossen (vgl. ebd.: 99).

[9] Intel könnte bis zu 100 Milliarden US-Dollar in die Produktionsstätte in Ohio investieren und nur ein kleiner Teil der Summe stammt aus den Mitteln des *Chips and Science Act* (vgl. Khanan 2023: 150).

[10] Daher relativiert Miller die Bedeutung dieser US-Fabriken von TSMC und Samsung als: „partially intended to appease American politicians“ (ebd.: 334).

der dort ansässigen Unternehmen bei der Chip-Produktion beziehungsweise dem dafür notwendigen Equipment einem Todesstoß für Chinas Aufholbestreben in der Chipindustrie bis 2030 gleich. Diese chinesischen Halbleiterziele galten allerdings bereits vor den US-Sanktionen vom Oktober 2022 als unerreichbar,[3] weshalb davon auszugehen ist, dass Chinas Anstrengungen in diesem Bereich, auch über dieses Jahrzehnt hinaus, durch die Exportkontrollen gelähmt sein werden. Doch es wäre zu vereinfacht, durch die US-Sanktionen lediglich die chinesischen Ambitionen in Bezug auf die Halbleiterindustrie als stark eingeschränkt zu charakterisieren. Vielmehr werden sämtliche der bisher erläuterten Ziele und Ambitionen Chinas sowie die damit verbundenen Einflusspotenziale von dieser Entwicklung tangiert.

Insbesondere die im Rahmen von *MIC25*[4] erklärte Zielsetzung, die Volksrepublik bis 2049 zu einem „manufacturing powerhouse" (PRC State Council 2022: 2) zu machen, ist in diesem Zusammenhang gefährdet. So ist Chinas Herstellungssektor ohne den Zugang zu *High-End-Chips* beziehungsweise ohne die Fähigkeit zu deren Produktion gegenüber anderen Industriestaaten einschließlich den USA strukturell im Nachteil, wobei sich dieser sogar noch zu verstärken droht. Dies resultiert aus den immensen Vorteilen, die sich, auch aus Sicht der chinesischen Führung, vor allem durch Künstliche Intelligenz[5] für Volkswirtschaft und Industrie ergeben. China droht also in exakt die Situation zu geraten, welche durch die Umsetzung von *MIC25* explizit vermieden werden sollte: die Unfähigkeit, in *Low-Value*-Industrien unter Einsatz von Automatisierung und Digitalisierung gegenüber Entwicklungsländern den Status als „Weltfabrik" zu erhalten und gleichzeitig aufgrund geringerer wirtschaftlicher beziehungsweise technologischer Entwicklung nicht mit Industriestaaten konkurrenzfähig zu sein (vgl. Wübbeke et al. 2016: 16f.; vgl. MIIT 2016 zit. nach Wübbeke et al.: 17; vgl. Zenglein/Holzmann 2019: 19).[6]

Die starke Einschränkung des chinesischen Zugangs insbesondere zur Schlüsseltechnologie KI durch die US-Sanktionen kann für die Volksrepublik und den Charakter ihrer Beziehungen zu den USA in ihrer Bedeu-

[3] Siehe Kapitel 6.2.

[4] Siehe Kapitel 4.1.

[5] Siehe Kapitel 4.2.

[6] Siehe Seite 26f und Seite 29.

tung daher kaum überschätzt werden. Besonders hervorzuheben ist auch die essenzielle Gefährdung chinesischer Ambitionen hinsichtlich einer militärischen Anwendung von KI. Unabhängig davon, ob es sich in diesem Kontext um eine neue sogenannte *Revolution in Military Affairs* oder um eine Evolution der *informatized warfare* handelt,[7] limitieren die Chip-Sanktionen entsprechende Modernisierungspotenziale des chinesischen Militärs massiv. Schließlich richten sich die Exportkontrollen offiziell in erster Linie auch gegen eine Verwendung der entsprechenden Halbleiter durch die chinesische Armee.[8] Diese Einschätzung einer diesbezüglich großen Verwundbarkeit Chinas wird laut Elsa B. Kania ebenfalls von chinesischen Eliten geteilt:

> „Chinese leaders are cognizant of critical weaknesses, such as the semiconductors, particularly specialized developments in AI chips, necessary to enable and deploy AI/ML [military] systems, and actively investing to overcome them” (Kania 2020: 3).[9]

Auch die dezidiert nach außen gerichteten Digitalinitiativen Pekings beziehungsweise die *DSR* sowie die sich daraus ergebenden Einflusspotenziale stehen durch die US-Exportkontrollen in Frage. So ist anzunehmen, dass Angebote chinesischer Digitalunternehmen aufgrund dieser technologischen Defizite an Attraktivität auf dem globalen Markt verlieren werden. Bereits gegenwärtig ist äußerst fraglich, ob sich andere Staaten in Zukunft noch beim Aufbau ihrer 5G oder sogar 4G-Infrastruktur von einem Anbieter wie Huawei abhängig machen werden, der inzwischen nicht einmal gesichert dazu in der Lage ist, 5G-fähige Smartphones massentauglich herzustellen.[10] Chinas Ambitionen in Bezug auf internationales *Standard-Setting*[11] erscheinen ebenfalls wenig realistisch, wenn insbesondere chinesi-

---

[7] Siehe Kapitel 4.2.

[8] Siehe Seite 79.

[9] Die Frage, ob sich diese Verwundbarkeit durch Schmuggel kompensieren ließe, wird in Kapitel 6.5.2 beantwortet.

[10] Auch wenn Huaweis Kapazitäten zur Herstellung 5G-fähiger Smartphones durch US-Exportkontrollen stark limitiert wurden, geriet der Konzern allerdings primär aufgrund seiner Fähigkeiten und Aktivitäten beim 5G-Ausbau in den Fokus der USA.

[11] Siehe Seite 30f.

sche 5G- oder KI-Firmen in ihren jeweiligen Geschäftsbereichen nicht mit der Weltspitze konkurrenzfähig sind.

Die enorme Brisanz dieses Sachverhaltes ergibt sich daraus, dass einer erfolgreichen Realisierung der digitalen Ambitionen von chinesischer Seite nicht nur eine erhebliche Bedeutung beigemessen wird, sondern deren Realisierung auch fundamental für die Erreichung der übergeordneten militärischen und wirtschaftlichen Modernisierungsziele Xi Jinpings ist. So werden diese visionsartigen Ziele des chinesischen Staatsführers über erfolgreiche Modernisierungsprozesse in Wirtschaft und Militär definiert, denen die erfolgreiche Realisierung der digitalen Ambitionen, insbesondere im Hinblick auf die Schlüsseltechnologie Künstliche Intelligenz zugrunde liegen, für die wiederum die leistungsfähigsten Halbleiter eine fundamentale Voraussetzung darstellen. Die US-Chip-Sanktionen stellen also auch eine essenzielle Gefährdung für die zentralen wirtschaftlichen und militärischen Modernisierungsziele[12] Xi Jinpings im Rahmen seines „Traums von der Verjüngung der chinesischen Nation" dar. Die Brisanz dieser Situation verschärft sich noch zusätzlich dadurch, dass die erfolgreiche Entwicklung der Volksrepublik vonseiten Xis aufgrund der Erfahrung aus dem „Jahrhundert der Demütigung" mit fundamentalen nationalen Sicherheitsinteressen gleichgesetzt wird.[13] Bei einer Verfehlung der durch diesen historischen Bezug auch stark emotional aufgeladenen zentralen Modernisierungsziele Xi Jinpings könnten auch Zweifel an ihm selbst aufkommen und in Konsequenz sogar der Führungsanspruch der Kommunistischen Partei durch die chinesische Bevölkerung in Frage gestellt werden. Besonders explosiv ist in diesem Kontext ebenfalls, dass die fortschrittlichsten *Logic Chips*, auf die China inzwischen keinen legalen Zugriff mehr hat und durch welche die Volksrepublik von den USA wirtschaftlich wie militärisch überflügelt zu werden droht, vor allem in Taiwan, produziert werden.[14] Daher wird im Zusammenhang mit dem „Chip War" auch oft von dem drohenden Schreckensszenario eines militärischen Angriffs der Volksrepublik China auf die Republik China (Taiwan) gesprochen.[15]

---

[12] Siehe Kapitel 3.

[13] Siehe Seite 17f.

[14] Siehe Seite 74.

[15] Siehe Einleitung.

Doch was wären weniger eskalative Gegenreaktionen der chinesischen Regierung auf die US-Exportkontrollen und wie sind diese hinsichtlich ihrer voraussichtlichen Effektivität zu bewerten?

6.5 Potenzielle Gegenmaßnahmen der Volksrepublik China und deren Bewertung

Prinzipiell bieten sich einem Staat mit den wirtschaftlichen, technologischen und politischen Ressourcen der Volksrepublik China natürlich viele Möglichkeiten, auf die Exportkontrollen der USA zu reagieren. Dennoch können im Wesentlichen drei verschiedene Typen von Gegenmaßnahmen herausgestellt werden, die entweder bereits in der Vergangenheit vonseiten Chinas verfolgt wurden oder deren Implementierung sich in Folge der US-Sanktionen zumindest in Ansätzen abzeichnete. Dabei handelt es sich erstens um eine Weiterverfolgung oder Ausweitung der staatlichen Investitions- und Subventionierungspolitik zugunsten der heimischen Halbleiterindustrie. Dieser Ansatz wäre gleichbedeutend mit einer „Weiter so“-Strategie, die auf dem Vertrauen basieren würde, dass chinesische Chip-Firmen trotz der US-Exportkontrollen mit ausreichend finanzieller Unterstützung an die Weltspitze aufschließen werden. Die zweite Reaktionsmöglichkeit besteht hingegen darin, dass China Mittel anwenden könnte, welche traditionell dem kriminellen Bereich zugeordnet werden, wie Spionage und Schmuggel. Dieser Handlungsoption liegt der Gedanke zu Grunde, dass die US-Sanktionen durch den Diebstahl ausländischen *Know-hows* oder den illegalen[1] Import der von den Kontrollen betroffenen Chips einfach umgangen werden können. Der dritte und letzte betrachtete Ansatz ist der Erlass wirtschaftlicher Gegensanktionen durch die chinesische Regierung, um dadurch eine Aufhebung oder Abschwächung der US-Sanktionen zu erzwingen. Eine solche Maßnahme würde auf dem Grundgedanken basieren, dass Chinas Ziele im Halbleiterbereich und die damit verbundenen Ambitionen zwar durch die Oktobersanktionen der USA[2] gefährdet wären, die wirtschaftlichen Kapazitäten der Volksrepublik allerdings ausreichend seien, um die USA zum Einlenken zu bewegen. Eine potenzielle Gegenmaßnahme Chinas gilt im Folgenden als *effektiv*, wenn sie nicht nur wirkmächtig wäre, sondern ihre Implementierung der Volksrepublik selbst nur

---

[1] Aus Sicht der USA.

[2] Der Begriff Oktobersanktionen steht im Folgenden für die US-Halbleiter-Sanktionen vom Oktober 2022 sowie deren Verschärfung im Oktober 2023.

Noch entschlossener wird in Taiwan gegen potenzielle Spionage und Diebstahl geistigen Eigentums vorgegangen. So richtete die taiwanesische Regierung 2020 sogar eine *Taskforce* ein, um das Abwerben heimischer Ingenieure durch China zu bekämpfen (vgl. Lee/Wu 2022). Im März 2022 führte die Ermittlungsbehörde des taiwanesischen Justizministeriums, in dem auch die *Taskforce* angesiedelt ist, im Rahmen der bislang größten Operation dieser Art eine Razzia gegen acht Unternehmen durch (vgl. ebd.). Deklariert wurde dieses Vorgehen als Abwehrmaßnahme gegen: „the Chinese Communist Party's illegal activities of talent-poaching and secret-stealing" (ebd.).

Ein Versuch der chinesischen Regierung, durch Spionage und Ideendiebstahl in den Besitz der fehlenden technologische Fähigkeiten zu gelangen, müsste die Sicherheitsmaßnahmen von Konzernen wie ASML beziehungsweise Ländern wie Taiwan also erfolgreich umgehen. Es wäre also aus chinesischer Sicht nicht weniger nötig als die Infiltration des Kerns verschiedener weltweit führender Unternehmen, die sich des Werts ihres geistigen Eigentums mehr als bewusst sind und entsprechende Vorkehrungen getroffen haben. Dies lässt deutliche Zweifel daran aufkommen, dass sich die Ziele Chinas hinsichtlich der Entwicklung ihrer heimischen Chipindustrie durch Spionage und Ideendiebstahl realisieren ließen.

Eine Äußerung von Chris Miller stellt mit Blick auf das Lithografie-Equipment und ASML sogar in Frage, ob die chinesische Halbleiterindustrie überhaupt zur internationalen Weltspitze aufschließen könnte, falls die Spionage Chinas Erfolg hätte und den Nachbau der Maschinen ermöglichen würde:

> „ASML will soon release its next generation lithography tool, called high-numerical aperture EUV. The industry continues to race forward. So if China manages to produce its own suite of EUV lithography and related etch, deposition, and lithography tools within five years, it will still be substantially behind the cutting edge" (Miller/Smith 2023).

Selbst die Kopie des Equipments von ASML sowie deren Wartung sind laut Miller hochkomplexe und schwierige Vorgänge:

> „Replicating them [die Maschinen von ASML] is easier, but still a monumentally challenging task. It took ASML three

> decades to develop EUV lithography tools, and it was only possible in close collaboration with users like TSMC and Intel. Of course, it will be easier to replicate the tools than it was for ASML to first produce them. But these are the most complex and precise pieces of equipment humans have ever made. The challenge isn't only to replicate the unique components inside the tools – such as the smoothest mirrors humans have ever made – though this will be hard. The really challenging part will be to get the hundreds of thousands of components to work often enough so that the tools can actually function in high-volume manufacturing. If each of the hundreds of thousands of components in your tool breaks down once a year, the tool basically never works. So reliability is a potentially fatal challenge" (ebd.).

Der chinesischen Industriespionage als Mittel zur Überwindung der US-Exportkontrollen sind also einerseits durch Gegenmaßnahmen der Zielunternehmen und -länder sehr hohe Hürden gesetzt, die eine umfassende aber aus Sicht Chinas nötige Infiltration unwahrscheinlich machen. Andererseits würden sich selbst im Erfolgsfall erhebliche Herausforderungen bei Kopie und Wartung des Chip-Equipments ausländischen Typs ergeben und selbst wenn dieser Nachbildungsprozess realisiert werden könnte, wäre die internationale Konkurrenz dann wahrscheinlich bereits zur nächsten Generation übergegangen. Doch wenn offenbar auf chinesischer Seite die Bereitschaft existiert, ein Mittel anzuwenden, das traditionell dem kriminellen Milieu zugerechnet wird, stellt sich ohnehin die Frage, ob Agenten der Volksrepublik das so dringend benötigte Endprodukt, die *High-End-Chips*, nicht einfach massenhaft ins Land schmuggeln könnten. Angefacht werden solche Überlegungen durch Investigativ-Berichte über den internationalen Halbleiter-Schwarzmarkt.

So wurde im Rahmen eines *Reuters*-Berichts vom Juni 2023 aufgezeigt, dass auch KI-fähige Halbleiter aus dem *High-End*-Segment nach wie vor über chinesische Anbieter erhältlich sind (vgl. Ye et al. 2023). Konkret existiere in Festlandchina und Hongkong auch ein Schwarzmarkt für den KI-fähigen *A100-Chip* von NVIDIA (vgl. ebd.). Zehn chinesische Händler erklärten gegenüber *Reuters*, dass es für sie leicht sei, *A100-Chips* zu beschaffen, wenn auch nur in geringer Stückzahl und zwei von ihnen teilten mit, dass sie diese Halbleiter für das Doppelte[6] des Marktpreises vertreiben würden (vgl. ebd.). Der noch fortschrittlichere *H100-Chip* von NVIDIA, welcher seit März 2023 auf dem Markt ist, sei hingegen deutlich schwieriger zu akquirieren, denn lediglich ein Händler gab gegenüber *Reuters* an, diesen Halbleiterchip beschaffen zu können (vgl. ebd.).[7] In den Besitz der Chips gelangen die chinesischen Verkäufer laut der Quellen von *Reuters* entweder durch Überschüsse US-amerikanischer Abnehmer von NVIDIA oder über Firmen aus Indien, Taiwan oder Singapur, welche die entsprechenden Halbleiter importieren (vgl. ebd.). Trotz dieser Berichte ist allerdings hervorzuheben, dass weltweit nur ungefähr ein Dutzend Unternehmen Chips anbieten, die unter die gegen China gerichteten Exportkontrollen von 2022 fallen (vgl. Fist et al. 2023). Die erfolgreiche Inspektion dieser wenigen Chipanbieter dürfte daher nach Einschätzung von Fist et al. leichter zu realisieren sein als eine Kontrolle des gesamten Halbleitermarkts (vgl. ebd.).

Zuständig für die Vollstreckung von US-Exportkontrollen ist dabei das *Bureau of Industry and Security (BIS)* im US-amerikanischen Handelsministerium (vgl. Allen et al. 2022: 1,7). Eine Analyse des *CSIS* vom Dezember 2022 kam zu dem Schluss, dass die Arbeit der Behörde auf einem technologisch veralteten Stand erfolgt und die Datenerfassung größtenteils manuell über Suchmaschinen oder die Durchforstung von *Excel*-Dateien abläuft (vgl. ebd.: 12). Eine Adaption aktueller Technologien, insbesondere Künstlicher Intelligenz, würde die Fähigkeiten der Behörde in den Augen Allens et al. daher deutlich verstärken (vgl. ebd.: 12f.). Die *CSIS*-Analysten empfehlen in diesem Kontext eine Budgeterhöhung um jährlich 44,6 Millionen US-Dollar (vgl. ebd.: 16) und sehen darin ein potenziell ausgesprochen effektives Investment für die nationale Sicherheit der USA:

> „Providing a few tens of millions of dollars annually to BIS to modernize the technology that enables effective export controls would go a long way toward ensuring that far fewer Russian and Chinese weapons using U.S. technology are built in the future. The disparity between the meager cost and the massive opportunity is so great that this likely represents

---

[6] Das entspricht einem Stückpreis von 20.000 US-Dollar (vgl. Ye et al. 2023).

[7] Die Ausfuhr von *A100*- und *H100*-Chips nach China war NVIDIA vonseiten der US-Regierung explizit untersagt worden (vgl. Nellis 2022/Lee). Siehe auch Seite 80.

> one of the opportunities with the highest return on investment available anywhere in U.S. national security” (ebd.: 16).

Dennoch zeigen die US-Exportkontrollen offenbar bereits ohne eine technologische Modernisierung des *BIS* gegenüber China Wirkung. Eine im *New York Times Magazine* zitierte Führungskraft aus der Chipindustrie wertete den oben erläuterten Bericht von *Reuters* sogar als Beleg dafür, dass die Sanktionen ihren Zweck erfüllen würden: „It highlights that the controls are working [...] They wouldn’t be doing that if chips flowed freely” (Palmer 2023). Zusätzlich dazu spricht für die Effektivität der US-Halbleiter-Kontrollen gegen China, dass sich der *A800-Chip* von NVIDIA bei chinesischen Unternehmen offenbar einer großen Beliebtheit erfreut. Bei der *A800*-GPU handelt es sich um eine schwächere Version des *A100*-Modells, die aufgrund einer niedrigen Datentransferrate auch unter den Exportkontrollen vom Oktober 2022 nach China exportiert werden dürfte (vgl. Liu/Murphy 2023). Im August 2023 berichtete die *Financial Times*, dass die chinesischen Großkonzerne Baidu, ByteDance, Tencent und Alibaba bei NVIDIA 100.000 *A800*-Chips im Wert von insgesamt einer Milliarde US-Dollar sowie weitere GPUS im Wert von 4 Milliarden US-Dollar bestellt hätten (vgl. ebd.). Es sei ein regelrechtes Rennen darum entbrannt, einen Vorrat dieses Halbleitertyps trotz gedrosselter Leistung anzulegen, da die Sorge bestehe, dass die US-Regierung die Kontrollen in Zukunft noch weiter verschärften könnte (vgl. ebd.). Diese Befürchtung war offenbar begründet, da laut einem *CNBC*-Bericht, in dem sich auf Regierungskreise berufen wurde, die Exportkontrollen durch die Sanktionsverschärfung vom Oktober 2023 auch auf die *A800*- und *H800-Chips* ausgedehnt werden sollten (vgl. Leswing 2023). Analog dazu warnte die US-Handelsministerin Raimondo auf dem *Reagan National Defense Forum* im Dezember 2023 Chipunternehmen davor, die US-Exportkontrollen durch Anpassungen effektiv zu umgehen: „If you redesign a chip around a particular cut line that enables them to do AI, I’m going to control it the very next day“ (Martin/Bloomberg 2023).

Das große Interesse an den gedrosselten Chips steht wohl im Zusammenhang damit, dass die Nachfrage nach *High-End-Chips* vonseiten chinesischer Unternehmen das in China über den Schmuggel verfügbare Angebot deutlich übersteigt und die gedrosselten Modelle daher die nächstbeste Alternative darstellen. Das ist wenig verwunderlich, denn allein für die Kommerzialisierung von *ChatGPT* werden schätzungsweise mehr als 30.000 GPUs[8] benötigt (vgl. Tseng 2023).

Das Training von KI-Modellen wie *ChatGPT* sowie die Gewährleistung, dass diese Systeme in Echtzeit genutzt werden können, erfolgt in Datenzentren, die jeweils auf das Training oder auf die Instandhaltung spezialisiert sind (vgl. CBRE 2023). Obwohl sich Halbleiter also aufgrund ihrer geringen Größe potenziell optimal für den Schmuggel eignen würden, bräuchte China diese Chips in sehr großen Mengen, damit die Datenzentren ihrem Zweck nachgehen[9] könnten (vgl. Palmer 2023). Analog dazu vermeldete NVIDIA Ende August 2023 einen neuen Rekordumsatz im zweiten Quartal 2023, nachdem sich die Nachfrage nach KI-fähigen Chips verdoppelt habe (vgl. Oi 2023). Diese positive Entwicklung des Unternehmens sei von NVIDIAS Geschäftstätigkeit im Datenzentren-Segment angetrieben worden (vgl. ebd.).

Über die Details militärisch genutzter KI-Anwendungen ist zwar wenig bekannt, aber laut einer Einschätzung von Chris Miller basieren auch diese auf Datenzentren und sind etwa mit privatwirtschaftlichen Modellen zum autonomen Fahren vergleichbar:

> „Most of the chips in tanks and missiles are low-end, but the chips that provide differentiated capabilities are not. Just like autos, some of the most sophisticated chips aren't actually in the missiles and tanks, but in the networks and datacenters that guide and train them. We know that autonomous driving efforts require huge volumes of advanced chips in cutting edge datacenters. We know less about the U.S. military's drone programs, but there's no doubt they use a lot of sensors, a lot of communications, and a lot of compute" (Miller/Smith 2023).

Zudem lassen sich die Fortschritte privater KI-Akteure[10] aufgrund des inhärenten *Dual-Use*-Charakters Künstlicher Intelligenz, wie Bremmer und

---

[8] Die Basis für diese numerische Einschätzung ist der oben genannte *A100*-Chip von NVIDIA (vgl. Tseng 2023).

[9] Und somit den digitalen Ambitionen der chinesischen Regierung gerecht werden.

[10] Zum privatwirtschaftlichen Charakter der KI-Forschung: „Unlike in the space race or the Manhattan Project, the leading actors in AI research are not governments but private companies" (Scharre 2023: 36).

Suleyman 2023 in einem *Foreign-Affairs*-Aufsatz hervorhoben, ohnehin kaum von ihren militärischen Implikationen trennen (vgl. Bremmer/Suleyman 2023: 30):

> „AI also differs from older technologies in that almost all of it can be characterized as 'dual use'– having both military and civilian applications. Many systems are inherently general, and indeed, generality is the primary goal of many AI companies. They want their applications to help as many people in as many ways as possible. But the same systems that drive cars can drive tanks. An AI application built to diagnose diseases might be able to create – and weaponize – a new one" (ebd.: 30).

Auch wenn der chinesische Bedarf für die leistungsfähigsten Halbleiter offenbar nicht über ins Land geschmuggelte Chips gedeckt werden kann, existiert für chinesische Unternehmen prinzipiell noch eine weitere Möglichkeit zur Nutzung von Halbleitermodellen wie dem *A100*. So berichteten Journalisten der *Financial Times* im März 2023, dass die chinesische Firma iFlytek[11] den Zugang zu NVIDIA-Chips dieses Typs über Cloud-Anbieter geliehen hätte (vgl. Olcott et al. 2023). Laut einer zitierten Quelle der *Financial Times* funktioniert dies folgendermaßen:

> „It's like a car rental system. You can't take the chips out of the facility. It's a huge building with a computer cluster, and you buy time on CPUs [central processing unit] or GPUs to train the models" (ebd.).

Ein solches Leihgeschäft stellt per se keinen Verstoß gegen die US-Exportkontrollen vom Oktober 2022 dar, weshalb auch US-Konzerne solche Geschäfte mit chinesischen Firmen abschließen (vgl. ebd.). Wenig überraschend berichtete das *Wall Street Journal* am 4. Juli 2023 daher, dass Washington plane, dieses Schlupfloch in Zukunft zu schließen (vgl. Hayashi/McKinnon 2023). Cloudanbieter wie Amazon oder Microsoft sollen dann fortan in Bezug auf ihre Dienstleistungen für chinesische Firmen,

---

[11] iFlytek wird vom chinesischen Staat unterstützt, ist im Stimmerkennungsbereich aktiv und befindet sich bereits seit 2019 aufgrund der Unterstützung des staatlichen Überwachungsapparats in Xinjiang auf der Sanktionsliste der USA (vgl. Olcott et al. 2023).

welche auf Basis fortschrittlicher KI-Chips erfolgen, eine Genehmigung der US-Regierung einholen müssen (vgl. ebd.). Es ist allerdings fraglich, ob dieser potenzielle Vorstoß der Biden-Administration primär eine Reaktion auf ein vielfaches tatsächliches Umgehen der Kontrollen vom Oktober 2022 über ausländische Cloudanbieter darstellt oder ob diese Entwicklung hauptsächlich Teil eines sino-amerikanischen Schlagabtauschs ist. So erschien der Artikel des *Wall Street Journa*l nur einen Tag nachdem China verkündete, die Exportkontrollen auf Gallium und Germanium zu verhängen[12] und könnte daher zumindest nicht ausschließlich auf einen sachorientierten Handlungszwang der USA zurückzuführen sein.

Ebenfalls beachtenswert ist in diesem Kontext ein Gedanke, den Hanna Dohmen vom *Georgetown Center for Security and Emerging Technology* während eines Interviews für *Voice of America* äußerte:

> „There are also Chinese regulations … on cross-border data that might prohibit or limit to what extent Chinese companies might be willing to use foreign cloud service providers outside of China to develop their AI models" (Xie 2023).

Dohmen spielt in diesem Zusammenhang offensichtlich auf die sogenannte *Great Firewall* an, die für ein Modell aus *Gateways* und *Proxyservern* steht, durch welche die chinesischen Internetverbindungen mit dem Ausland verlaufen (vgl. Walton 2001: 9). An diesen *Gateways* wird das Datenaufkommen von staatlichen Zensoren überwacht und gefiltert (vgl. Walton 2001: 9, Zixue 2010: 67). Legitimiert wird diese Abschottung laut Zixue Tai offiziell mit dem Schutz vor feindlichen Kräften von außen und Dissidenten von innen (vgl. Zixue 2010: 55). Die *Great Firewall* erlaubt der chinesischen Regierung nach Einschätzung Greg Waltons jedoch auch, eine flexible Kontrolle über den Öffnungsgrad des Landes zum Ausland aufrechtzuerhalten und befähigt sie, auf soziale Unruhen mit einer Abschaltung des Internets zu reagieren (vgl. Walton 2001: 9). Walton fasste dieses Vorgehen Chinas im Rahmen einer Analyse für das kanadische *International Centre for Human Rights and Democratic Development* 2001 unter dem Begriff der „guarded openness" (ebd.: 9) zusammen:

> „China's Internet regulations and legislation are guided by the principle of 'guarded openness' seeking to preserve the

---

[12] Siehe Seite 89f.

> economic benefits of openness to global information, while guarding against foreign economic domination and the use of the Internet by domestic or foreign groups to coordinate anti-regime activity” (ebd.: 9).

Es scheint tatsächlich kaum vorstellbar zu sein, dass die chinesische Führung, welche einen derart großen Fokus auf die Kontrolle des Datenverkehrs zwischen dem In- und Ausland legt, einen solchen cloudbasierten Ansatz als systematische Strategie gutheißen würde. Schließlich würden dabei hochrelevante Technologien mit militärischem und wirtschaftlichem Einsatzpotenzial außerhalb Chinas oder sogar auf dem Gebiet des größten geopolitischen Rivalen, den USA, entwickelt oder sogar aufrechterhalten werden. Aus chinesischer Sicht handelt es sich also auch bei der cloudbasierten Nutzung von Chips wohl nicht um eine effektive Alternative zur physischen Akquirierung der entsprechenden Halbleiter und deren Einsatz auf chinesischem Gebiet, insbesondere vor dem Hintergrund einer in diesem Kontext im Raum stehenden Ausweitung der US-Sanktionen. Doch auch der Chip-Schmuggel und die Industriespionage stellen keine effektiven Reaktionsmöglichkeiten Chinas dar, da beide Ansätze dafür nicht wirkungsvoll genug sind. So müsste sich, um die Exportkontrollen der USA *de facto* auszuhebeln, die Anzahl der nach China geschmuggelten *High-End*-Chips in Zukunft langfristig massiv erhöhen oder chinesische Hacker müssten in den Besitz der vielleicht weltweit relevantesten Unternehmensgeheimnisse gelangen und selbst dann würde es für chinesische Halbleiterfirmen eine immense Herausforderung darstellen daraus auch langfristig Kapital zu schlagen. Es ist sehr unwahrscheinlich, dass nur einer dieser Fälle eintreten wird, weshalb sich weiterhin die Frage nach alternativen Handlungsmöglichkeiten stellt, durch die China effektiv auf die US-Halbleiter-Kontrollen reagieren könnte.

6.5.3 Die Frage nach der Implementierbarkeit wirtschaftlicher Gegensanktionen

Die naheliegendste Option der Volksrepublik besteht wohl darin, auf die Chip-Exportkontrollen ihrerseits mit einschneidenden Wirtschaftssanktionen zu reagieren. So stellte Victor Cha im Rahmen eines 2023 in *International Security* publizierten Aufsatzes fest, dass die Volksrepublik seit 2008 und verstärkt unter Xi Jinping ökonomischen Druck[13] auf Staaten und Unternehmen ausübt, um ihre außenpolitischen Ziele durchzusetzen und diese Maßnahmen somit dezidiert politisch motiviert sind (vgl. Cha 2023: 91,99). Cha bezeichnet dieses Vorgehen Chinas auch als „weaponization of interdependence“ (ebd.: 100), die insbesondere auf der asymmetrischen Abhängigkeit der Handelspartner Chinas vom großen chinesischen Markt basiere (vgl. ebd.: 100). Allerdings stellt der Autor gleichzeitig fest, dass die chinesische Regierung dabei grundsätzlich *high-dependence goods* ausklammert und nennt in diesem Kontext TSMC und Samsung, da beide Unternehmen aufgrund der Abhängigkeit Chinas von Halbleitern bislang nicht mit chinesischen Sanktionen belegt worden sind (vgl. ebd.: 117). Zur Erklärung dieses Phänomens bezieht sich Cha auf das Konzept der *vulnerability interdependence* von Robert Keohane und Joseph Nye (vgl. ebd.: 106):

> „Two countries, each importing 35 percent of their petroleum needs, may seem equally sensitive to price rises; but if one could shift to domestic sources at moderate cost, and the other had no such alternative, the second state would be more vulnerable than the first. The vulnerability dimension of interdependence rests on the relative availability and costliness of the alternatives that various actors face" (Keohane/Nye 2011: 11)

Daraus zieht Cha folgende Schlussfolgerung für den aktuellen chinesischen Kontext:

> „Economic interdependence – even asymmetric interdependence – still requires give-and-take. Even though countries such as South Korea and Australia may export less to China than they import from China, China values and relies

[13] Cha spricht von „coercion“ (ebd.: 91).

> inordinately on a subset of this trade […] China is far more dependent on its trade partners than most people realize (Cha 2023: 106f.).

Die Ausführungen Chas legen somit nahe, dass eine starke ökonomische Gegenreaktion Chinas auf die US-Chip-Sanktionen bislang ausblieb, da im Halbleiterbereich eine erhebliche *vulnerability interdependence* zu Ungunsten der Volksrepublik besteht. Die oben beschriebene Sanktionierung der US-Firma Micron sowie die Exportkontrollen auf Germanium und Gallium[14] sind zwar wirtschaftliche Gegensanktionen mit klarem Bezug zur Halbleiterindustrie;[15] die Auswirkungen dieser Maßnahmen sind jedoch eher überschaubar und mehr Drohung als entschiedener Gegenschlag. Verglichen mit der konzertierten Aktion der USA und weiterer relevanter Staaten der globalen Halbleiterindustrie, deren Ziel es ist, das technologische Aufschließen Chinas in diesem zentralen Bereich zu verhindern, wirken diese wirtschaftlichen Maßnahmen geradezu kleinteilig und in der Konsequenz schwach. Eine potenziell wirksame ökonomische Gegenreaktion auf die US-Sanktionen könnte hingegen auf Chinas Kapazitäten und Fähigkeiten im Bereich „seltener Erden" aufbauen, da diesbezüglich das oben beschriebene Abhängigkeitsverhältnis zu chinesischen Gunsten umgekehrt zu sein scheint.

Bei sogenannten „seltenen Erden" beziehungsweise „rare earths" (Economist 2019) handelt es sich um 17 Elemente des Periodensystems, die entgegen ihrer Bezeichnung weit verbreitet sind (vgl. Economist 2019; CSIS 2021). Allerdings ist der für ihre Verwendung notwendige Bergbau- und Umwandlungsprozess teuer und umweltschädlich (vgl. CSIS 2021). Diesen Umstand machte sich China durch niedrige Lohnkosten und schwache Umweltschutzgesetze zu Nutze, weshalb das Land heute der größte Akteur dieses Sektors ist (vgl. ebd.). So waren chinesische Minen[16] laut Daten des

---

[14] Siehe Seite 87 und 89f.

[15] Cha sieht diese Maßnahmen als Reaktion auf die sogenannte „Chip-4-Allianz" und primär gegen die USA gerichtet (vgl. ebd.: 97). Bei „Chip 4" handelt es sich um Konsultationen zwischen den USA, Südkorea, Japan und Taiwan, die nach Informationen von Bloomberg im Februar 2023 zur Aufrechterhaltung der globalen Chip-Wertschöpfungskette stattfanden (vgl. Lee/Wu 2023). Exportkontrollen seien allerdings nicht Gegenstand der Beratungen gewesen (vgl. ebd.)

[16] Circa 50 Prozent der in China produzierten „seltenen Erden" stammen aus der *Bayan-Obo-Mine* (vgl. Ferreira/Critelli 2022: 61).

United States Geological Survey im Jahr 2022 für 70 Prozent[17] der weltweiten Produktion dieser Rohstoffe verantwortlich (vgl. USGS 2023: 143). Die globalen Reserven werden auf 130 Millionen Tonnen geschätzt, von denen 44 Millionen Tonnen auf China entfallen (vgl. ebd.: 143). Zusätzlich dazu dominiert die Volksrepublik die Raffination „seltener Erden" mit einem weltweiten Anteil von knapp 90 Prozent und selbst die in US-amerikanischen Minen abgebauten Rohstoffe werden zur Weiterverarbeitung nach China exportiert (vgl. USGS 2023: 143; Ferreira/Critelli 2022: 64). Insgesamt entfielen 74 Prozent des US-amerikanischen Imports „seltener Erden" zwischen 2018 und 2021 auf China (vgl. Nguyen/Onstad 2023).

Obwohl der monetäre Wert des globalen Handels mit „seltenen Erden" im Kontext des Welthandels überschaubar ist,[18] gilt diese Abhängigkeit von China in den USA als kritisch (vgl. Ferreira/Critelli 2022: 57). Grund dafür ist, dass „seltene Erden" vielfach in Militär und Industrie Verwendung finden (vgl. Ferreira/Critelli 2022: 57): „Many critical military applications and industries use these elements as an input to produce advanced electronics, hybrid vehicles, wind turbines, magnets, and catalysts" (ebd.: 57).[19] Insbesondere die Halbleiterindustrie entwickelt sich gegenwärtig zu einem bedeutenden Abnehmer „seltener Erden" (vgl. ebd.: 63). Dass die Volksrepublik grundsätzlich dazu bereit ist, ihre internationale Dominanz dieses Ressourcensektors in politisches Kapital zu transformieren, zeigte sich laut einer vom *CSIS* herausgegebener Analyse während eines Vorfalls zwischen China und Japan im Jahr 2010 (vgl. CSIS 2021).

Der Inselstaat, der neben den USA der mit Abstand größte Importeur „seltener Erden" aus China ist (vgl. CSIS 2021),[20] geriet im September 2010 in einen maritimen Grenzkonflikt mit der Volksrepublik, in deren Verlauf der Kapitän eines chinesischen Fischereischiffs festgenommen wurde (vgl. Gholz 2014: 3; Tabuchi 2010). In der Folge belegte China japanische Unternehmen inoffiziell mit einem Exportembargo auf „seltene Erden",

[17] Das entspricht 210.000 Tonnen (vgl. USGS 2023).

[18] 2019 lag der akkumulierte Wert globaler Importe von „seltenen Erden" bei 1,15 Milliarden US Dollar (vgl. CSIS 2021).

[19] Beispielsweise sind für die Produktion eines US-amerikanischen F-35-Kampfjets 417 Kilogramm „seltene Erden" nötig (vgl. Ferreira/Critelli 2022: 63).

[20] Laut einer Auswertung chinesischer Behördendaten durch *CSIS* entfielen 2019 etwa 36 Prozent des Exportvolumens „seltener Erden" auf Japan und 33,4 Prozent auf die USA (vgl. CSIS 2021).

woraufhin der chinesische Kapitän wieder von Japan freigelassen wurde (vgl. Gholz 2014: 3; Tabuchi 2010).[21] Auch wenn es nahe läge, den Ausgang dieses Zwischenfalls daher als politischen Sieg Chinas zu verbuchen, ist eine solche Einschätzung der Situation laut Eugene Gholz letztlich nicht haltbar (vgl. Gholz 2014: 4). Stattdessen führte Gholz 2014 in einer Nachbetrachtung an, dass es sich dabei lediglich aus taktischer Sicht um einen Sieg für die Volksrepublik gehandelt habe, da Japan keinerlei politische Konzessionen hinsichtlich der umstrittenen Inseln gemacht hatte (vgl. ebd.: 4). Gholz konkludiert daher: „Ultimately, concentrated rare earths supply in China had limited economic and political effects" (ebd.: 4). Ursächlich dafür seien drei Faktoren gewesen: die steigende Konkurrenz durch nicht-chinesische Unternehmen, Marktanpassungen sowie Probleme der Behörden, das Embargo tatsächlich durchzusetzen (vgl. ebd.: 4).

So habe eine steigende Nachfrage nach „seltenen Erden" bereits vor 2010 zu Markteinstiegen von Investoren aus den USA, Japan und Australien geführt, doch die chinesischen Exportbeschränkungen[22] und damit verbundene Preissteigungen hätten diesen Trend nur noch verstärkt (vgl. Gholz 2014: 4). Viele dieser neuen Akteure seien kurz darauf jedoch in finanzielle Schwierigkeiten geraten, als sich herausstellte, dass Versorgungsengpässe überschätzt worden waren und der Preis daher im Jahr 2012 wieder deutlich zu sinken begann (vgl. ebd.: 3f.). Trotzdem wurde in den Augen Gholz' deutlich, dass im Falle chinesischer Exportkontrollen beziehungsweise -embargos neue potenzielle Marktteilnehmer bereitstehen würden, um Lieferengpässe auszugleichen (vgl. ebd.: 3f.). Zusätzlich dazu hätten viele Abnehmer „seltener Erden" Mittel und Wege gefunden, die erforderliche Menge der Rohstoffe für ihre jeweiligen Produkte zu reduzieren, wodurch die Nachfrage gesunken sei (vgl. ebd. 3f.). Unabhängig davon gestaltete es sich für die chinesische Regierung aber ohnehin schwierig, ihre heimischen Produzenten „seltener Erden" zu kontrollieren und die Exportbeschränkungen entsprechend durchzusetzen (vgl. Gholz 2014: 4f.; vgl. Chuin-Wei 2014). So sei der Preisverfall nach den Ereignissen von 2010 auch darauf zurückzuführen, dass chinesische Schmuggler sowie un-

---

[21] Das Embargo wurde dementsprechend Ende November 2010 wieder aufgehoben (vgl. BBC 2010).

[22] Zusätzlich zu dem gegen Japan gerichteten Embargo verringerte China die Exportquoten für „seltene Erden" im Sommer 2010 um 40 Prozent beziehungsweise für das erste Halbjahr 2011 um 35 Prozent (vgl. Blanchard 2010).

lizenzierte Akteure des Bergbausektors die Restriktionen umgangen hätten (vgl. Chuin-Wei 2014).

Vor dem Hintergrund dieser drei Faktoren ist also anzunehmen, dass Exportkontrollen auf „seltene Erden" eine weniger effektive potenzielle Gegenmaßnahme Chinas im sino-amerikanischen „Chip War" darstellen, als die dominante Position Chinas in diesem Sektor sowie die Abhängigkeit der USA und weiterer Staaten suggerieren.[23] Zudem stünde ein chinesisches Embargo auf den Export „seltener Erden" in die USA und in Länder, die mit den Vereinigten Staaten hinsichtlich der Halbleiter-Sanktionen kooperieren, sogar in klarem Widerspruch zu grundsätzlichen Zielen der Volksrepublik. So versucht die chinesische Führung im Rahmen der *dual circulation*-Strategie[24] die Abhängigkeit westlicher Firmen von China durch Handelsverflechtungen zu forcieren. Ein Exportembargo auf „seltene Erden" hätte jedoch den gegenteiligen Effekt, weil sich Peking dadurch selbst aus eben jenen internationalen Handelsketten herauslösen würde. Schließlich wiesen bereits Lee und Kleinhans darauf hin, dass ein solcher Schritt der chinesischen Regierung international auf viel Kritik stoßen würde (vgl. Lee/Kleinhans 2021: 47).[25] Aus diesem Grund stellt ein potenzieller Exportstopp „seltener Erden" für China kein probates Mittel zur Reaktion auf die US-Chip-Kontrollen dar. Darüber hinaus wird die Idee chinesischer Exportkontrollen auf „seltene Erden" als Ass im Ärmel der chinesischen Regierung auch dadurch relativiert, dass dieses Sanktionsmittel seit 2010 nicht mehr zu Anwendung kam und schon damals nur symbolischen Erfolg hatte. Oder anders ausgedrückt: Falls chinesische Exportkontrollen auf „seltene Erden" eine effektive Gegenmaßnahme für die chinesische Regierung im sino-amerikanischen „Chip War" darstellen würden, wären entsprechende Sanktionen dann nicht bereits erlassen worden?

Eine chinesische Einschränkung von Halbleiterimporten, die nicht unter die US-Sanktionen fallen, wäre hingegen aufgrund des in diesem Zusammenhang bestehenden Abhängigkeitsverhältnisses zu Ungunsten der

---

[23] Möglicherweise kann der chinesische Staat die Akteure dieses Wirtschaftssektors heute allerdings besser kontrollieren und zumindest den Schmuggel „seltener Erden" eindämmen, auch wenn die anderen beiden Faktoren wahrscheinlich weiterbestehen, da diesen eine ökonomische Gesetzmäßigkeit innewohnt ist.

[24] Siehe Seite 48f.

[25] Siehe Seite 78.

Volksrepublik irrational. So könnte China durch einen solchen wirtschaftlichen Gegenschlag zwar zweifellos Druck auf die globale Halbleiterindustrie und insbesondere auf Chipunternehmen aus den USA, Japan, den Niederlanden, Taiwan sowie Südkorea und deren Regierungen ausüben; allerdings würde die chinesische Führung dabei gleichzeitig auch die heimische Volkswirtschaft beziehungsweise Industrie und somit auch sich selbst erheblich treffen. Einem solchen potenziellen Vorgehen Chinas wäre demnach eine selbstzerstörerische Logik inhärent. Zudem stünde Peking dabei wieder vor dem Problem, dass sich die Volksrepublik, im direkten Widerspruch mit der *dual circulation*-Strategie, auf diese Weise aus internationalen Handelsketten herauslösen und in der Konsequenz selbst isolieren würde. Im Vergleich dazu haben die US-Exportkontrollen auf fortschrittlichste Chips beziehungsweise auf die für deren Produktion notwendigen Güter und Produkte nahezu chirurgischen Charakter. Exemplarisch dafür ist, dass NVIDIA als zentraler Betroffener der US-Chip-Kontrollen im Jahr 2023 dennoch Rekordergebnisse vermelden konnte.[26] Die Möglichkeit ähnlich chirurgisch und mit wirtschaftlichen Mitteln auf die US-Sanktionen zu reagieren, existiert hingegen für China offenbar nicht, da die Volksrepublik entweder durch Abhängigkeitsverhältnisse eingeschränkt ist oder sich diese nicht effektiv ausnutzen lassen.

Offenbar handelt es sich also bei keiner der betrachteten finanziellen, „kriminellen“ oder wirtschaftlichen Handlungsoptionen um eine effektive chinesische Antwort auf die US-Oktobersanktionen. So würden diese Maßnahmen ihr Ziel entweder verfehlen, weil sie nicht wirkungsvoll genug wären oder ihnen ein selbstzerstörerisches Element innewohnen würde und sie demnach nicht effektiv wären. Dennoch folgt daraus nicht zwangsläufig, dass Peking in Zukunft beispielsweise keine Exportkontrollen auf „seltene Erden“ verhängen wird. Allerdings legen die oben erläuterten Einschränkungen nahe, warum Maßnahmen wie diese bislang noch nicht implementiert worden sind, auch wenn die Exportkontrollen sich bereits vor Monaten erstmals jährten.

Außerdem unterscheiden sich diese drei übergeordneten Handlungsoptionen deutlich hinsichtlich ihres Eskalationspotenzials im Rahmen einer geopolitischen Auseinandersetzung mit den USA. So stellt die finanzielle Unterstützung oder deren Ausweitung für die chinesische Chipindustrie

[26] Siehe Seite 106.

sicherlich das am wenigsten konfliktverschärfende Mittel dar. Zwar waren solche Subventionen und Übernahmen bereits in der Vergangenheit Anlass für Spannungen zwischen China und den USA sowie europäischen Staaten,[27] allerdings ist auch diesen Staaten das Mittel der Wirtschaftssubvention nicht fremd.[28] Für die Volksrepublik China birgt dieses Vorgehen vielmehr das Risiko, dass dabei hohe Milliardenbeträge für ein unerreichbares Ziel verschwendet werden könnten. Schließlich sind auch die finanziellen Möglichkeiten einer Großmacht wie China nicht unbegrenzt, insbesondere wenn sie sich noch mitten in ihrem wirtschaftlichen Aufstieg befindet.

Der Ansatz, die US-Chip-Sanktionen durch Spionage und Schmuggel zu umgehen, stellt hingegen zwar ein Mittel mit größerem Eskalationspotenzial dar, jedoch kann die chinesische Regierung diesbezüglich stets auf private Akteure verweisen, die sie nicht kontrollieren würde, beziehungsweise *plausible deniability*[29] beanspruchen. Dieser Ansatz wird allerdings voraussichtlich auch nicht den durchschlagenden Erfolg haben, der für die Erreichung der chinesischen Digitalambitionen erforderlich wäre.

Starke wirtschaftliche Vergeltungssanktionen bieten hingegen das größte Potenzial für eine Verschärfung des sino-amerikanischen Konflikts. So würde eine solche Reaktion Chinas wahrscheinlich in einer Eskalationsspirale resultieren, die sich zu einem massiven Wirtschaftskrieg zwischen den beiden Staaten auswachsen könnte. Zeitgleich ist dies[30] aber wahrscheinlich ein zentraler Grund, weshalb Peking bislang zögerte und ent-

---

[27] Siehe Seite 31 und 57.

[28] Siehe Seite 82f.

[29] Rory Cormac und Richard J Aldrich definierten den Begriff 2018 in einem Aufsatz für die Fachzeitschrift *International Affairs* folgendermaßen: „For hundreds of years, states have sought to intervene in the affairs of others in a deniable manner. Since the professionalization of intelligence services in the aftermath of the Second World War, this behaviour has become known as covert action: commonly understood as activity to influence events in a plausibly deniable manner. […] The orthodox consensus assumes that states engage in covert action when they can plausibly deny sponsorship. The execution of the act itself may not necesssarily be secret – assassinations, for example, involve someone visibly dying – but the sponsorship thereof is hidden both during and after the event. States must be able to deny involvement, and in a plausible or believable manner" (Cormac/Aldrich 2018: 477f.).

[30] Neben der oben dargestellten Importabhängigkeit Chinas.

sprechende Maßnahmen nur in Ansätzen umsetzte. Schließlich würde der wirtschaftliche Schaden dabei auch China stark treffen und letztlich würde sich die Volksrepublik dadurch selbst aus internationalen Handelsketten herauslösen.

Die chinesische Führung steht also vor dem Problem, dass ihre digitalen Ambitionen und die damit verbundenen militärischen und wirtschaftlichen Modernisierungsziele zwar durch die US-Exportkontrollen auf die fortschrittlichsten Halbleiter beziehungsweise die zu ihrer Herstellung notwendigen Güter essenziell gefährdet sind, allerdings zeitgleich für China keine effektiven Gegenmaßnahmen mit den gewünschten Effekten auszumachen sind. Doch wie wirkt es sich auf den Charakter des geopolitischen Chipkonflikts zwischen den USA und China aus, wenn klassische Handlungsoptionen für die Volksrepublik keinen Erfolg versprechen? Wäre China sogar zu einer militärischen Eskalation als *Ultima Ratio* bereit beziehungsweise sähe sich die chinesische Führung um Xi Jinping dazu unter Umständen gezwungen?

6.6 Das Risiko einer militärischen Eskalation

Einige Analysten wie Stokes et al. vom *Center for a New American Security (CNAS)* sehen, analog zu der offiziellen Legitimation der Chip-Kontrollen durch die Biden-Administration, eine große Gefahr Künstlicher Intelligenz in ihrer potenziellen Nutzung durch die chinesischen Streitkräfte:

> „China succeeding in its military AI ambitions and gaining a sizable advantage in the commanding heights of military-technological power threatens to make an already-serious security threat worse” (Stokes et al. 2023: 14).

Ursächlich für diese Einschätzung ist die Sorge, dass sich ein Staat, der über starke militärische Kapazitäten im KI-Bereich verfügt, im Vorteil wägen und einer in seiner Wahrnehmung schwächeren Nation den Krieg erklären könnte (vgl. ebd.: 11). Aus dieser Perspektive wäre die Entwicklung militärischer KI-Anwendungen also klar als konfliktverschärfend und eskalationsfördernd zu charakterisieren, insbesondere sofern ein Staat in der Lage wäre, einen deutlichen Technologievorsprung zu realisieren. Als potenzieller Aggressor wurde von den *CNAS*-Autoren allerdings lediglich die Volksrepublik China ausgemacht: „In almost all plausible contingency scenarios, the PRC would be the first mover given its revisionist ambitions" (ebd.: 11).

Die US-Chip-Kontrollen sind nach dieser Argumentation als konflikthemmend zu betrachten, weil dadurch diese potenziellen militärische Fähigkeiten, die das Fundament für einen chinesischen Angriffskrieg bilden könnten, gar nicht erst existent wären. Letztlich ist diese Einschätzung allerdings nicht haltbar, weil es sich dabei um eine US-zentrische Sicht handelt, welche die chinesische Perspektive außer Acht lässt. So könnte für die chinesische Führung auch im Gegenteil ein sich abzeichnender deutlicher KI-beziehungsweise Technologie-Rückstand der Volksrepublik zu den USA einen Kriegsgrund konstituieren. Schließlich ist die Realisierung der digitalen Ambitionen Chinas sowie die Erreichung der damit verbundenen wirtschaftlichen und militärischen Modernisierungsziele Xi Jinpings für Peking von fundamentaler Bedeutung. Oder anders ausgedrückt: Die sich abzeichnende klare technologische Unterlegenheit eines staatlichen Akteurs im KI-Bereich kann prinzipiell genauso zur Motivation für einen militärischen Angriff beziehungsweise den Ausbruch eines zwischenstaatlichen bewaffneten Konflikts werden, wie die starke technologische Überlegenheit in diesem Sektor. Falls die chinesische Führung zu der Ansicht gelangen sollte, dass ihre übergeordneten Zielsetzungen aufgrund der US-Exportkontrollen nicht mehr realisiert werden könnten und stattdessen sogar der zentrale geopolitische Rivale in Zukunft über die angestrebten auch militärisch-relevanten Kapazitäten verfügen würde, wäre demnach sogar eine militärische Eskalation zwischen den beiden Großmächten durch einen chinesischen Präventivschlag nicht auszuschließen.

Diese Situationsbeschreibung erinnert unweigerlich an eine Ausgangslage, die Graham Allison im Rahmen seiner 2017 erschienenen Monographie „Destined for War. Can America and China Escape Thucydides's Trap?" (siehe Allison 2017) herausstellte. Als titelgebende „Thukydides-Falle" bezeichnete Allison dabei:

> „the severe structural stress caused when a rising power threatens to upend a ruling one. In such conditions, not just extraordinary, unexpected events, but even ordinary flashpoints of foreign affairs, can trigger large-scale conflict" (Allison 2017: 29).

Diese Dynamik entnahm Allison einer Beobachtung des antiken Geschichtsschreibers Thukydides aus dessen Werk über den Peloponnesischen Krieg (431-404 v. Chr.) zwischen Sparta und Athen. Zentral ist dabei folgende Passage Thukydides‘:

> „Den letzten und wahren Grund [für den Krieg], von dem man freilich am wenigsten sprach, sehe ich im Machtzuwachs der Athener, der den Lakedaimoniern Furcht einflößte und sie zum Krieg zwang“ (Thukydides 2018: 25).[1]

Athens Stärke habe sich zu *Hybris* und Spartas Unsicherheit zu *Paranoia* entwickelt (vgl. Allison 2017: 40). Angefacht worden sei diese Dynamik explizit von drei Katalysatoren: Interesse, Furcht und Ehre (vgl. Allison 2017: 39).[2] Im nationalen Interesse liege dabei das Überleben des Staates sowie die Garantie seiner Souveränität (vgl. Allison 2017: 39). Furcht stehe hingegen dafür, dass nicht nur reale Bedingungen, sondern auch deren emotional beeinflusste Perzeption zu beachten sei (vgl. ebd.: 39). Bei etablierten Mächten[3] führe Furcht demnach nicht selten zu Fehleinschätzungen und zur Überbewertung von Gefahren, während aufstrebende Mächte sich hingegen durch ihr Selbstbewusstsein auszeichnen und zur Überschätzung ihrer Fähigkeiten sowie zu Risikoaffinität neigen würden (vgl. ebd.: 39). Schließlich beschreibe der Ehrbegriff das Selbstverständnis eines Staates hinsichtlich der ihm zustehenden Anerkennung sowie seinen Stolz (vgl. ebd. 39).

---

[1] Bei Allison heißt es dazu: “Beneath these contributing factors lies a more fundamental cause, and he focuses his spotlight on it. What made war ‘inevitable,’ Thukydides tells us, ‘was the rise of Athens and the fear that this instilled in Sparta’” (Allison 2017: 29). Die Lakedaimonier bei Thukydides sind gleichbedeutend mit Sparta (vgl. Thukyidides 2018: 843).

[2] Bei Thukydides lassen sich diese drei Begriffe im Rahmen einer Rede athenischer Gesandte in Sparta vor Kriegsbeginn wiederfinden (vgl. Thukyidides 2018: 57, 60f.): „So haben auch wir nichts Verwunderliches getan, nichts wider menschliche Natur, wenn wir eine uns angebotene Herrschaft annahmen und nicht aufgeben wollen, von den drei stärksten Beweggründen getrieben: Ehre, Furcht und Nutzen“ (Thukydides 2018: 60f.).

[3] Allison stellt “ruling powers” (ebd.: 39) den “rising powers” (ebd.: 39) gegenüber.

Der Betrachtung eines drohenden militärischen Konflikts zwischen den USA und China unter dem Paradigma der „Thukyidides-Falle“ stellte Allison eine Auflistung und teilweise Erläuterung von 16 Fällen voraus, bei denen eine etablierte Macht durch eine aufstrebende Macht innerhalb der letzten 500 Jahre herausgefordert wurde; 12 dieser Fälle führten zum Krieg (vgl. ebd.: 41f.). Besonders interessant ist dabei Allisons Charakterisierung des Konflikts zwischen dem Kaiserlichen Japan und den Vereinigten Staaten, der letztlich am 7. Dezember 1941 im japanischen Angriff auf Pearl Harbor kulminierte und zum Krieg führte (vgl. ebd. 44-47).[4] Allisons Lesart der Kriegsgründe lässt sich folgendermaßen zusammenfassen: Das Kaiserreich Japan fiel 1931[5] in Festlandchina ein[6] und erklärte sich 1933 im Rahmen einer Art japanischer Monroe-Doktrin, die später[7] „Greater East Asia Co-Prosperity Sphere“ (ebd.: 46) genannt wurde (vgl. ebd.: 45f, 279), zur Garantiemacht für die Aufrechterhaltung von „peace and order in the Far East“ (ebd: 45). Diese japanischen Ambitionen und deren Umsetzung in die Praxis stießen in den USA nicht nur auf große Ablehnung, sondern auch auf Gegenwehr, weshalb die US-Regierung wirtschaftliche Maßnahmen gegen Japan einleitete (vgl. ebd.: 46). Nachdem die USA anfangs ein Exportembargo auf Alteisen und Flugbenzin verhängten, wurden später auch bedeutsamere Rohmaterialien wie Eisen, Messing und Kupfer der Sanktionsliste hinzugefügt (vgl. ebd.: 46). Im August 1941 verhängte die Roosevelt-Administration schließlich auch ein Exportverbot auf Öl nach Japan (vgl. ebd.: 280). Dieses Öl-Embargo gilt in der Darstellung Allisons als „final straw“ (ebd.: 280) für die japanische Seite, weil das Kaiserliche Japan zu der Zeit fast vollständig auf den Import von Rohmaterialen und insbesondere Öl angewiesen war (vgl. ebd.: 280).

Aus japanischer Sicht sei die territoriale Expansion jedoch alternativlos für die Akquirierung eben jener natürlichen Ressourcen und für die Realisierung von Großmachtstatus gewesen (vgl. ebd.: 280). Demnach habe Japan die Wirtschaftssanktionen der USA als „mortal threat“ (ebd..: 280) ge-

---

[4] Dies ist auch der erste Fall, den Allison detaillierter betrachtet (siehe ebd.: 44-47).

[5] Zu diesem Zeitpunkt standen Taiwan, Korea sowie Gebietsgewinne aus dem Krieg mit Russland 1904 bereits unter japanischer Kontrolle (vgl. ebd.: 45).

[6] Der japanische Einmarsch in China erreichte 1937 beim *Rape of Nanking* seinen traurigen Höhepunkt (vgl. ebd.: 279).

[7] Zynischerweise.

wertet. In der Konsequenz stimmten die japanischen Entscheidungsträger dem präventiven Luftschlag auf Pearl Harbor zu, durch den ein Großteil der dort stationierten Flotte vernichtet wurde (vgl. ebd.: 44ff.). Die USA waren zutiefst überrascht von dem japanischen Angriff (vgl. ebd.: 46):

> „At the time, it seemed inconceivable that a small island nation with an economy and navy dwarfed in size by the United States would attack the most powerful country in the world. But from Japan's perspective the alternatives appeared even worse“ (ebd.: 44).

Japans Entscheidung, in einen Krieg mit den USA einzutreten, wird mit Blick auf das Kräfteverhältnis auch von Jeffrey Record als schwer nachvollziehbar bezeichnet, da dieser ebenfalls von einer klaren militärisch-wirtschaftlichen Inferiorität des kaiserlichen Japans ausgeht:

> „How, in mid-1941, could Japan, militarily mired in China and seriously considering an opportunity for war with the Soviet Union, even think about yet another war, this one against a distant country with a 10-fold industrial superiority? The United States was not only stronger; it lay beyond Japan's military reach. The United States could out-produce Japan in every category of armaments as well as build weapons, such as long-range bombers, that Japan could not; and though Japan could fight a war in East Asia and the Western Pacific, it could not threaten the American homeland. In attacking Pearl Harbor, Japan elected to fight a geographically limited war against an enemy capable of waging a total war against the Japanese home islands themselves" (Record 2009: 1).

Ursächlich für den Kriegsausbruch war laut Record, dass Japans Streben nach Prestige und wirtschaftlicher Sicherheit durch die Eroberung Ostasiens auf den Glauben der USA traf, den japanischen Imperialismus durch Handelsbeschränkungen und die Stationierung von Truppen eindämmen zu können (vgl. ebd.: 2). Das kaiserliche Japan habe also den Willen, wenn nicht gar die Obsession besessen, durch imperiale Eroberung mit den anderen Großmächten gleichziehen zu können, allerdings nicht über die dafür notwendigen militärischen und wirtschaftlichen Kapazitäten verfügt (vgl.

ebd.: 2). Aufgrund der „imperialen Überdehnung“[8] Japans im Jahr 1941 und der Bereitschaft, den USA trotz des ungünstigen Kräfteverhältnisses den Krieg zu erklären, wird der japanische Kriegseintritt auch als irrational charakterisiert (vgl. ebd.: 3). Diesen Rationalitätsbegriff sieht Record jedoch kritisch, da dessen Verständnis nicht einheitlich, sondern von den damals erheblichen kulturellen Unterschieden zwischen den beiden Staaten geprägt gewesen sei (vgl. Record 2009: 9). Zudem seien auch Entscheidungsträger, denen Rationalität zugesprochen wird, fähig zu fatalen Fehlentscheidungen (vgl. ebd.: 9). So musste die japanische Regierung 1941 laut Record eine folgenschwere Entscheidung treffen:

> „The culmination of U.S. economic warfare against Japan by late summer of 1941 confronted Tokyo with essentially two choices: seizure of Southeast Asia, or submission to the United States. Economic destitution and attendant military paralysis would soon become a reality if Japan did nothing" (ebd.: 19).

Für die USA stellte hingegen in der Schilderung Records die japanische Einnahme des südlichen Französisch-Indochinas im Juli 1941 eine eklatante Grenzüberschreitung dar, weil sie diesen Schritt als Vorbereitung einer noch weitergehenden südlichen Expansion Japans begriffen (vgl. ebd.: 14). Dies habe die US-Regierung nicht hinnehmen können, weil dadurch nicht nur das Britische Empire geschwächt worden wäre, sondern Japan auch Zugang zu hochrelevanten Rohmaterialien, insbesondere Öl, erhalten hätte (vgl. ebd.: 13f.). Dadurch hätte sich die wirtschaftliche Abhängigkeit

---

[8] Die Idee, dass sich Staaten "imperial überdehnen" können, geht auf ein Werk Paul Kennedys aus dem Jahr 1988 zurück, in dem Kennedy konstatiert: „It sounds crudely mercantilistic to express it this way, but wealth is usually needed to underpin military power, and military power is usually needed to acquire and protect wealth. If, however, too large a proportion of the state's resources is diverted from wealth creation and allocated instead to military purposes, then that is likely to lead to a weaking of national power over the longer term. In the same way, if a state overextends itself strategically – by, say, the conquest of extensive territories or the waging of costly wars – it runs the risk that the potential benefits from external expansion may be outweighed by the great expense of it all – a dilemma which becomes acute if the nation concerned has entered a period of relative economic decline" (Kennedy 2017: xvi).

des Kaiserreichs von den USA verringert (vgl. ebd.: 13f.).[9] Zur Aufhebung des Handelsembargos verlangten die USA, dass Japan seine Truppen aus China und Indochina zurückziehen und die Mitgliedschaft im Dreimächtepakt aufgeben sollte (vgl. ebd.: 20). Zudem sei nicht auszuschließen gewesen, dass die USA in Zukunft weitere Zugeständnisse Japans, etwa den Rückzug aus der Mandschurei und Korea, einfordern würden (vgl. ebd.: 20). Die USA verlangten von Japan also laut Record nicht weniger als die Aufgabe seiner imperialen Ambitionen (vgl. ebd.: 20):

> „The United States was, in effect, demanding that Japan renounce its status as an aspiring great power and consign itself to permanent strategic dependency on a hostile Washington. Such a choice would have been unacceptable to any great power. Japan's survival as a major industrial and military power was a stake" (ebd.: 21).

Japan habe das US-Handelsembargo daher als kriegerischen Akt gewertet und selbst eine potenzielle Niederlage im Krieg einer „Demütigung“[10] vorgezogen (vgl. 21ff.). Die Handelsrestriktionen der USA mit ihrem Höhepunkt 1941 waren in den Augen Records also ein vollkommen ungeeignetes Mittel, um Japan abzuschrecken und machten den Krieg stattdessen aus Sicht der japanischen Regierung unausweichlich (vgl. ebd.: 21f., 25):

> „Thus the oil embargo drove the Japanese into the logic of preventive war: given war's inevitability and our declining military power relative to the enemy's, Japanese leaders reasoned, better war now than later. However poor Japan's chances of defeating the United States, they were better in 1941 than in any coming year" (ebd.: 25).

Aus taktischer Sicht war der Schlag gegen Pearl Harbor laut Allison zwar zumindest teilweise erfolgreich, er mündete aber letztlich in die fast vollständige Zerstörung Japans und brachte vielen Millionen Menschen den Tod (vgl. Allison 2017: 281).

---

[9] 80 Prozent des japanischen Öl-Bedarfs wurden damals durch Importe aus den USA gedeckt (vgl. ebd.: 8).

[10] Record spricht von „humiliation and starvation" (ebd.: 23).

Eine zentrale Lehre, die Record demnach aus den Hintergründen des Kriegsausbruchs zieht, lautet: „economic sanctioning can be tantamount to an act of war“ (Record 2009: 56). Analog dazu zieht Graham Allison folgende Schlüsse aus dem Pazifikkrieg:

> „The contest between a rising and a ruling power often intensifies competition over scarce resources. When an expanding economy compels the first to reach farther afield to secure essential commodities, including some under the control or protection of the second, the competition can become a resource scramble. The attempt to deny a state imports it judges crucial for survival can provoke war" (Allison 2017: 47).

Diese Schlussfolgerungen werfen im Kontext der 2022 verhängten und 2023 verschärften Chip-Sanktionen der Vereinigten Staaten gegen China die ebenso naheliegende wie beunruhigende Frage auf, ob die aktuellen Exportbeschränkungen eine ähnliche Dynamik entfalten könnten wie das US-Handelsembargo von 1941. Graham Allison widmete sich dieser Thematik bereits in Ansätzen im Juni 2020 und stellte aufgrund der im Vormonat verhängten US-Halbleiter-Sanktionen gegen Huawei[11] folgende Frage auf (vgl. Allison 2020):

> „In the five months between now and the election, could the U.S. attempt to enforce that ban become a twenty-first-century equivalent of the oil embargo the United States imposed on Japan in August 1941?" (ebd.).

Zwar können Allisons Befürchtungen im Sommer 2020 als verfrüht und alarmistisch kritisiert werden, aber seit Oktober 2022 sind nicht mehr nur einzelne Unternehmen von US-amerikanischen Chip-Kontrollen betroffen, sondern Chinas Halbleiterindustrie beziehungsweise -ambitionen insgesamt. Die zentrale Frage für die Gegenwart ergibt sich aus einem weiteren Zitat Allisons von 2020:

> „If President Xi Jinping concludes that this is a matter of life and death for his champion advanced technology company that is the poster child for his signature program promising

[11] Siehe Seite 53.

> Chinese technological leadership by 2025 and 2030, then what options does China have?” (ebd.).

Für die chinesische Regierung und ihre Ziele mag es noch verkraftbar gewesen sein, wenn das Überleben von nur einem oder wenigen ihrer „Vorzeigeunternehmen“ in Gefahr ist, doch gilt das auch noch bei einer essenziellen Gefährdung der chinesischen Ambitionen in Bezug auf Halbleiter und das assoziierte Technologiefeld Künstliche Intelligenz? Besteht in diesem Zusammenhang tatsächlich die Gefahr, dass sich eine Dynamik ergeben könnte, die in ähnlicher Form bereits zum Ausbruch des Pazifikkriegs führte? Erscheint die folgende Äußerung Jerry Sanders‘ von Advanced Micro Devices Inc. (AMD) aus dem Jahr 1979 in einem ganz anderen Licht: „Semiconductor technology is today's crude oil“ (Schuyten 1979)?

Ein solcher Vergleich muss allerdings vorab dahingehend eingeschränkt werden, dass mögliche Parallelen sich ausschließlich auf die beobachtete Dynamik beziehen. Es wird diesbezüglich keinesfalls versucht, eine Ähnlichkeit zwischen dem Kaiserlichen Japan und dem China der Gegenwart als Staaten oder Gesellschaften zu konstruieren. Schließlich handelt es sich um vollkommen verschiedene soziale Einheiten und auch ihre geopolitischen Ausgangslagen sind nicht miteinander vergleichbar. Ein solcher Vergleich wäre zudem hochbrisant, weil vor allem Chinesen der aggressiven japanischen Expansion während der 1930er und -40er Jahre zum Opfer fielen.

Definiert wird die im Fokus stehende Dynamik beziehungsweise deren Essenz über das obenstehende Zitat Allisons beziehungsweise seine Schlussfolgerung aus dem Pazifikkrieg.[12] Zentral ist dabei insbesondere Allisons Feststellung, dass bereits der Versuch, einem Staat Ressourcen zu entziehen, welche dieser als überlebenswichtig erachtet, einen Krieg auslösen kann (vgl. Allison 2017: 47). Dies stimmt ebenfalls mit der Aussage Records überein, dass Wirtschaftssanktionen einem Kriegsakt gleichkommen können (vgl. Record 2009: 56). Ebenfalls hinzuzufügen ist, dass ein Staat, sofern er sein Überleben[13] durch Wirtschaftssanktionen gefährdet beziehungsweise sich existenziell bedroht sieht, in höchstem Maße risikoaffin werden und durch nichts mehr abzuschrecken sein kann. Selbst einen nahezu aussichtslosen Krieg könnte ein Land in einer derartigen Situation

---

[12] Siehe Seite 124.

[13] Im Sinne Allisons.

demnach nicht mehr scheuen. Die zentrale Frage ist also, unter welchen Umständen die chinesische Regierung unter Xi Jinping zu der Überzeugung gelangen könnte, dass die Chip-Sanktionen eine existenzielle Bedrohung konstituieren würden und Peking bereit wäre, sogar gegen die USA Krieg zu führen. Schauplatz einer solchen militärischen Eskalation wäre zumindest initial aller Voraussicht nach Taiwan.

Da die Volksrepublik China eine „Wiedervereinigung" mit Taiwan nicht nur öffentlich anstrebt,[14] sondern dieses Ziel sogar als zentrale Legitimationsquelle der Kommunistischen Partei gilt (vgl. Braml/Burrows 2023: 78),[15] ist das Verhältnis zwischen den beiden Staaten hochkomplex sowie angespannt. Doch auch die Beziehungen zwischen dem Inselstaat und den USA sind vielschichtig. Ein taiwanesisch-amerikanisches Verteidigungsbündnis von 1954 wurde 1979 seitens der USA aufgekündigt, um die Beziehungen zur Volksrepublik zu normalisieren (vgl. Blanchette/Hass 2023: 103f.). Seitdem fokussieren sich die Vereinigten Staaten darauf, den Frieden in der Straße von Taiwan zu gewährleisten und stellten sich bislang einer potenziellen Unabhängigkeitserklärung Taiwans sowie der gewaltsamen „Wiedervereinigung" des Inselstaats mit dem chinesischen Festland entgegen (vgl. ebd.: 103f.). Um eine militärische Eskalation im Keim zu ersticken, genügte laut Blanchette und Hass während der Krise in der Straße von Taiwan in den Jahren 1995 und 1996 noch die Entsendung eines US-amerikanischen Flugzeugträgers in die Region, da die Fähigkeiten der PLA damals noch nicht stark ausgeprägt waren (vgl. ebd.: 104). Heute gestalte sich die Ausgangslage jedoch deutlich anders, denn inzwischen stellt es für die chinesischen Streitkräfte kein Problem mehr dar, Ziele in der Nähe der Insel zu treffen, einschließlich von Flugzeugträgern (vgl. ebd.: 104f.). Selbst US-amerikanische Infrastruktur im Weltraum und Militäreinrichtungen im Westpazifik befinden sich prinzipiell in Reichweite des chinesischen Militärs (vgl. ebd.: 104f.). Laut Blanchette und Hass haben die USA zudem gegenwärtig klar für Taiwan Partei ergriffen und gerieren sich nicht mehr als Vermittler zwischen Republik (Taiwan) und Volksrepublik China (vgl. ebd.: 105). Analog dazu betonte der amtierende US-Präsident Joe Biden mehrmals, im Falle eines Konflikts in der Straße von Taiwan militärisch intervenieren zu wollen (vgl. ebd.: 105).

---

[14] Siehe Seite 24 und 93f.

[15] Siehe Seite 24.

Das Risiko einer militärischen Eskalation zwischen China und den Vereinigten Staaten ist allerdings nicht nur auf die geographische Position des Inselstaats an der Peripherie der Einflusssphären zweier Großmächte zurückzuführen. Vielmehr liegt dies auch darin begründet, dass eine potenzielle Technologie- und KI-Führerschaft der USA stark auf den dort hergestellten *High-End-Chips* basieren würde. Die Volksrepublik könnte versuchen, die taiwanesischen Fähigkeiten in der Halbleiterindustrie durch die ohnehin angestrebte Einnahme beziehungsweise „Wiedervereinigung" mit dem chinesischen Festland unter ihre Kontrolle zu bringen.[16] Ein solcher Schritt Chinas würde derselben Logik folgen, die sich in einem Ausschnitt des bereits oben genannten Zitats Allisons widerspiegelte:

> „The contest between a rising and a ruling power often intensifies competition over scarce resources. When an expanding economy compels the first to reach farther afield to secure essential commodities, including some under the control or protection of the second, the competition can become a resource scramble" (Allison 2017: 47).

Die „essential commodities" (ebd.: 47) bestünden diesbezüglich in den Fähigkeiten TSMCs im Bereich der *Logic-Chip*-Fertigung und die Schutzmacht Taiwans wären die USA. Auch eine bloße Vernichtung der entsprechenden Kapazitäten könnte aus chinesischer Sicht positiv bewertet werden, da in diesem Fall zumindest auch die Vereinigten Staaten keinen Zugang mehr zu der taiwanesischen Halbleitertechnologie hätten. In diesem Zusammenhang ließe sich daher auch von einer Art *vulnerability gap*[17] zu Ungunsten der USA sprechen.

---

[16] Der Chef der US-amerikanischen Marine, Mike Gilday, erklärte im Oktober 2022 sogar, dass China eine taiwanesische Invasion möglicherweise schon vor 2024 plane (vgl. Blanchette/Hass 2023: 102). Auch wenn diese Einschätzung sicherlich als extrem, nicht mehrheitsfähig und offenkundig falsch zu charakterisieren ist, spiegelt sie doch wider, wie angespannt die Situation zwischen den beiden Großmächten ist.

[17] Rafał Kopeć definierte diesen Begriff im Rahmen eines Aufsatzes für die Fachzeitschrift *Space Policy* 2019 anhand einer Betrachtung der Kräfteverhältnisse im Weltraum und ihrer Bedeutung: „The condition for deterrence is the situation when both sides have something to lose (therefore deterring non-state actors are

Im Folgenden werden zwei mögliche Szenarien beschrieben, in deren Verlauf es zum Ausbruch eines militärischen Konflikts zwischen China und den USA kommen könnte. Als ausschlaggebende Kriegsursache wird dabei im Rahmen beider Szenarien Pekings Wahrnehmung der US-Halbleiter-Kontrollen als existenzielle Bedrohung definiert.[18] In diesem Kontext liegt den Szenarien erstens die Annahme zu Grunde, dass die Chip-Sanktionen der USA nicht nur die digitalen Ambitionen der Kommunistischen Führung in Frage stellen, sondern letztlich auch ihre übergeordneten wirtschaftlichen beziehungsweise militärischen Modernisierungsziele.[19] Zweitens wird ebenfalls davon ausgegangen, dass Chinas Reaktionsmöglichkeiten auf die Halbleiter-Kontrollen der USA stark eingeschränkt sind und für die chinesische Führung keine Potenziale zu einer effektiven Antwort existieren.[20] Die dritte Annahme ist, dass Taiwan im Zentrum eines solchen Konflikts steht und die USA ihr militärisches Schutzversprechen[21] gegenüber dem Inselstaat einhalten werden.

Im Fokus des ersten betrachteten Szenarios steht der potenzielle militärische Verwendungszweck von Technologien wie Künstlicher Intelligenz, für die der Zugang zu den fortschrittlichsten Halbleiterchips von elementarer Bedeutung ist. So wird angenommen, dass die USA einen Durchbruch bei der militärischen Anwendung Künstlicher Intelligenz vermelden, durch den sich die Volksrepublik China bedroht sieht. Ursächlich für die Bedrohungslage muss dabei nicht der US-amerikanische Wille zu einem militärischen Schlag gegen China beziehungsweise das tatsächliche Vor-

---

virtually impossible). In space, however, there is asymmetry of capabilities that involves vulnerability gap. The United States as the state with the greatest capabilities in space is at the same time the most vulnerable to attack […] Vulnerability gap is a derivative of asymmetric dependence on space assets and difficulties in their defense" (Kopeć 2019: 124). Es ist jedoch einschränkend hinzuzufügen, dass sich die Kapazitäten Taiwans im Halbleiterbereich möglicherweise besser verteidigen lassen, als die Weltraum-Kapazitäten der USA und im Kontext des „Chip Wars" vor allem die „asymmetrische Abhängigkeit" der Vereinigten Staaten von den taiwanesischen Chip-Fabriken im Vergleich zu China bedeutsam ist.

[18] Zur besseren Lesbarkeit wurden beide Szenarien sowie die damit verbundenen Grundannahmen im Indikativ verfasst, sie sind aber dennoch natürlich hypothetisch.

[19] Siehe Kapitel 6.4.

[20] Siehe Kapitel 6.5.

[21] Siehe oben.

liegen einer Bedrohungssituation sein. Stattdessen genügt es, wenn die chinesische Regierung sich aufgrund fehlender eigener Kapazitäten nicht in der Lage sieht, auf den technologischen Durchbruch der USA zu reagieren und daher die Verteidigungsfähigkeit des Landes als nicht mehr gegeben einschätzt. Die Exportkontrollen der USA tragen erheblich dazu bei, dass ein technologisches Gleichziehen oder gar Übertreffen Chinas in diesem Bereich auf absehbare Zeit unrealistisch erscheint. Im Fall eines durch KI begründeten Paradigmenwandels in der Kriegführung[22] wird sich China somit als angreifbar wähnen und wie Japan 1941 ungeachtet der Konsequenzen, den Weg einer bewaffneten Aggression wählen, bevor sich die Ausgangslage durch eine vollständige auch organisatorische Implementierung der neuen Technologie durch die US-Streitkräfte noch stärker zu Ungunsten der Volksrepublik verändert. Das Primärziel des chinesischen Angriffs ist dabei Taiwan, weil die dort hergestellten Chips von zentraler Bedeutung für den KI-Durchbruch der USA sind. Mit einem Schlag gegen den Inselstaat versucht die Volksrepublik den Vereinigten Staaten diese Ressource zu entziehen oder im Idealfall zu erhalten, um selbst entsprechende Fortschritte im militärischen KI-Bereich realisieren zu können. Dass die USA zu Gunsten Taiwans intervenieren werden und es zum Kriegsausbruch zwischen den beiden Großmächten kommt, wird vonseiten der chinesischen Führung in Kauf genommen. Ursächlich dafür ist aus Sicht Pekings die existenzielle Bedrohungslage durch einen KI-Durchbruch der USA und der daraus abgeleitete befürchtete Verlust chinesischer Verteidigungsfähigkeit.

Das hier dargestellte Szenario lässt sich mit der Formulierung *military AI Scare* beziehungsweise „militärischer KI-Schrecken“ überschreiben. Grundlegend ist dabei insbesondere, dass „Furcht“ bereits von Thukydides als zentrale Ursache für den Ausbruch des Peloponnesischen Kriegs angesehen wurde (vgl. Thukydides 2018: 25).[23] Allerdings unterscheidet sich dieses sino-amerikanische Beispiel vom Peloponnesischen Krieg darin, dass nicht das Handeln der etablierten Macht, sondern das des aufsteigenden Akteurs beziehungsweise Chinas von der Angst angetrieben wird. Das hierbei betrachtete Szenario folgt also einer relativen Logik, da nicht der halbleiterbasierte technologische Fortschritt an sich problematisch ist, sondern dessen angenommene Auswirkungen auf das militärische Kräftever-

---

[22] Siehe Kapitel 4.2.

[23] Siehe Seite 118f.

hältnis zwischen China und den USA und die chinesische Regierung daraus eine existenzielle Gefahr für das Land ableitet, unabhängig davon, ob diese tatsächlich vorliegt.

Ein zweites mögliches Szenario bezieht sich hingegen primär auf die wirtschaftlichen Implikationen der chipbasierten Technologien. So bremsen die US-Exportkontrollen den technologischen Fortschritt in zentralen Bereichen wie auch hinsichtlich Künstlicher Intelligenz und führen dazu, dass wirtschaftliche Chancen der Volksrepublik ungenutzt bleiben beziehungsweise China Opfer des befürchteten „two-way squeeze“[24] zu werden droht. Dies ruft große Unzufriedenheit in der chinesischen Bevölkerung hervor und in der Folge rückt auch die Kommunistische Parteiführung in den Fokus der öffentlichen Kritik. Peking fürchtet daher aufgrund einer sich abzeichnenden Verfehlung des wirtschaftlichen Wohlstandsversprechens[25] in den Augen der Bürgerinnen und Bürger Chinas an Legitimität zu verlieren und wählt als letzten Ausweg einen militärischen Angriff gegen Taiwan. Die chinesische Regierung geht also aus Furcht vor einem inneren Konflikt gegen die eigene Bevölkerung einen äußeren militärischen Konflikt ein. Der Inselstaat ist für die Volksrepublik das primäre Ziel, da eine chinesische Inbesitznahme der dortigen Chipindustrie von Peking als letzte Chance wahrgenommen wird, die Basis für eine erfolgreiche Modernisierung des Landes zu schaffen beziehungsweise das damit verbundene Wohlstandsversprechen einzuhalten. Da sich die kommunistische Partei- beziehungsweise Staatsführung durch eine verfehlte Modernisierung des Landes existenziell bedroht sieht, nimmt sie dabei auch den Kriegseintritt der USA auf Seiten Taiwans in Kauf.

Xi Jinping beziehungsweise die chinesische Führung sehen also im Rahmen dieses Szenarios keine existenzielle Bedrohung für das Land, sondern für die Parteispitze und Regierung, mit der auch ihre persönlichen Schicksale verknüpft sind. Daraus entwickelt sich eine Dynamik, die wesentliche Parallelen mit der Dynamik des ersten Szenarios aufweist und schließlich zum Krieg zwischen den USA und China führt. Dieser hypothetische Fall ist besonders brisant, weil sich dabei eine Verbindung zwischen den beiden

---

[24] Siehe Seite 26 und 29.

[25] Siehe Kapitel 3 und insbesondere Seite 24.

zentralen Legitimationsquellen[26] der Kommunistischen Partei ergibt, da die Invasion Taiwans durch China als letzte Chance zur Realisierung chinesischen Wohlstands erscheint. Verglichen mit dem ersten Szenario ist dabei allerdings nicht das einer relativen Logik folgende unvorteilhafte militärische Kräfteverhältnis zu den USA ursächlich für die Eskalation. Stattdessen leitet im zweiten Szenario die chinesische Führung, aufgrund einer von der Bevölkerung als unzureichend empfundenen wirtschaftlichen Situation beziehungsweise Entwicklung des Landes, die aus der gescheiterten Modernisierung resultierte, eine existenzielle Bedrohung ihres Machtanspruchs und somit auch auf persönlicher Ebene eine Gefahr ab.

Die Sorge der Regierung, dass Entwicklungsperspektiven für die chinesische Bevölkerung nicht realisiert werden könnten, spiegelte sich bereits in den Äußerungen Xis im November 2023 wider.[27] Zwar könnte die chinesische Regierung auch auf die Stärke ihres Machtapparates zur Niederschlagung von Protestbewegungen aus der eigenen Bevölkerung vertrauen. Allerdings würde sich dies wahrscheinlich zu einem langwierigen inneren Konflikt auswachsen, durch den die Volksrepublik erheblich geschwächt werden würde. Da ein schwaches China im Rahmen des Narrativs vom „Jahrhundert der Demütigung“ als grundlegende Ursache für Souveränitätsverlust und ausländische Aggression gilt,[28] könnte Peking zu dem Schluss gelangen, dass dieser Aussicht ein äußerer Konflikt, in Gestalt der chinesischen Invasion Taiwans, vorzuziehen sei. Außerdem müsste die kommunistische Führung um Xi Jinping immer auch damit rechnen, dass sich Teile ihres eigenen Repressionsapparats im Falle eines inneren Konflikts gegen die Bevölkerung gegen sie wenden und durch einen Putsch entmachten könnten.

Schließlich vereint beide Szenarien also, dass aus Sicht der chinesischen Führung eine existenzielle Bedrohung besteht und es zum Kriegsausbruch zwischen China und den USA kommt. Weitere Gemeinsamkeiten der Szenarien, die auch parallel zueinander eintreten könnten, bestehen darin, dass ein als ungenügend empfundener Fortschritt der Volksrepublik bei chipbasierten Technologien in China als internationaler Prestigeverlust interpre-

---

[26] Gemeint ist die angestrebte „Wiedervereinigung“ mit Taiwan sowie das Wohlstandsversprechen gegenüber der chinesischen Bevölkerung (vgl. Braml/Burrows 2023: 78). Siehe auch Seite 24.
[27] Siehe Seite 93ff.
[28] Siehe Kapitel 2 und Seite 17f.

tiert werden kann und, auch befeuert durch den von Thukyidides beziehungsweise Allison ausgemachten Katalysator „Ehre“,[29] potenziell konfliktverschärfend wirkt. In diesem Kontext könnte auch das Narrativ vom „Jahrhundert der Demütigung“[30] auf die Chip-Sanktionen angewendet werden und diese Maßnahme der USA als ausländische Einmischung charakterisiert werden, deren Ziel die „Demütigung“ und „Kleinhaltung“ Chinas wäre. Anders als Japan 1941 wird allerdings im Rahmen der beiden hypothetischen Szenarien angenommen, dass China nicht direkt die USA angreifen wird, den Ausbruch eines militärischen Konflikts mit den Vereinigten Staaten aber durch eine Invasion Taiwans in Kauf nimmt. Schließlich ist noch einmal hervorzuheben, dass in den Szenarien nicht nur die tatsächliche Leistungsfähigkeit der betrachteten Technologien relevant ist. Mindestens ebenso zentral ist, wie dieses technologische Potenzial von den jeweiligen Entscheidungsträgern – insbesondere in China – wahrgenommen wird.

Weder die Bezugnahme auf die „Thukydides-Falle“ und auf die Dynamik, die zum Ausbruch des Pazifikkrieges 1941 führte, noch die Aufstellung der oben genannten Szenarien sollen jedoch als Prognose missverstanden werden, dass die US-Exportkontrollen einen Krieg zwischen den USA und China unausweichlich machen würden. So existieren eine Vielzahl von Einschränkungen, die im Rahmen der obigen Szenarien unberücksichtigt blieben und deeskalierend oder sogar kriegsverhindernd wirken können. Zu nennen ist in diesem Zusammenhang etwa die nach wie vor grundsätzlich präsente gegenseitige nukleare Abschreckung beziehungsweise *mutual assured destruction*[31]. Ebenfalls nicht auszuschließen ist, dass sich Technologien wie Künstliche Intelligenz, welche auf dem Zugang zu den fortschrittlichsten Chips basieren, als weniger leistungsfähig und bedeut-

---

[29] Siehe Seite 119.

[30] Siehe Kapitel 2.

[31] Zur Definition der *mutual assured destruction (MAD)*, aber auch ihrer inhärenten Widersprüchlichkeit: „In the 1960s the role of nuclear weapons in securing superpower restraint came to be recognized as ‘mutual assured destruction.’ So long as both sides were confident that they could inflict utter hell on the other, then a wider political equilibrium would be possible. There was, however, at the heart of this concept an awkward thought, which is why its critics seized on the acronym ‘MAD’. If a nuclear war meant an inevitable slide into the ultimate catastrophe, then who would be irrational enough to set it in motion?” (Freedman 2004: 16).

sam herausstellen, als gegenwärtig angenommen wird und die chinesische Regierung deshalb keine existenzielle Bedrohungslage ausmacht. Schließlich ist ein Entgegenkommen oder gar „Rückzieher“ der USA denkbar, auch wenn betont werden muss, dass die US-Exportkontrollen in ihrer aktuellen Ausprägung einen *de facto* selbstverschärfenden Charakter aufweisen,[32] da sich die definierten Grenzen, wie Allen hervorhob,[33] hinsichtlich der Chip-Strukturgrößen und somit auch deren Leistungsfähigkeit nicht variabel dem technologischen Fortschritt anpassen, sondern fest definiert sind (vgl. Allen 2023: 2).

Ebenfalls zu beachten ist, dass die taiwanesische Chipindustrie im Zuge einer chinesischen Invasion beschädigt werden und das Fachpersonal fliehen könnte, wodurch sich eine Inbesitznahme und Nutzung dieser Kapazitäten durch Peking zumindest stark verkomplizieren würde. Im Rahmen der obenstehenden Szenarien wird allerdings davon ausgegangen, dass es sich diesbezüglich um Bedenken handelt, die durch Pekings Perzeption einer existenziellen Bedrohungslage übertroffen werden und dieses Risiko demnach vonseiten Chinas eingegangen wird. Schließlich würde die chinesische Führung durch eine Akquirierung der taiwanesischen Halbleiterindustrie einen zentralen *choke point* in der globalen Chipindustrie kontrollieren und somit plötzlich über ein starkes Druckmittel gegenüber den USA und ihren Verbündeten im Halbleiterkonflikt verfügen. Zwar wären die Monopole von Unternehmen wie ASML oder US-amerikanischen Chip-Design-Unternehmen nach wie vor ungebrochen, aber auch China wäre fortan in essenziellen Teilen der Wertschöpfungskette zur Produktion fortschrittlichster Halbleiter unverzichtbar. Dies ist relevant, weil die US-Exportkontrollen darauf basieren, dass China durch eine direkte oder indirekte[34] US-Kontrolle sämtlicher *choke points* in der globalen *High-Tech*-Chipindustrie vom Zugang zu den fortschrittlichsten Chips abgeschnitten werden kann. Falls die chinesische Regierung also den *choke point* auf Taiwan unter ihre Kontrolle bringen könnte, wäre sie, anders als gegenwärtig,[35] in der Lage effektiv auf die Halbleiter-Kontrollen der USA zu

[32] Und im Oktober 2023 sogar noch einmal verschärft wurden (siehe Seite 92).
[33] Siehe Seite 85.
[34] Ein *choke point* gilt diesbezüglich als indirekt durch die USA kontrolliert, wenn dieser in Ländern verortet ist, die sich dem Exportkontrollregime der Vereinigten Staaten zumindest weitgehend anschließen.
[35] Siehe Kapitel 6.5.

reagieren. Im Ergebnis wären die US-Chip-Sanktionen in ihrer jetzigen Form wohl nicht mehr haltbar beziehungsweise unwirksam. Damit wäre auch die, im Rahmen der obigen Szenarien, von der chinesischen Führung wahrgenommene existenzielle Bedrohungsloge aufgelöst. Mit Blick auf jene Szenarien wird daher angenommen, dass Peking durch diese Aussicht zu einer optimistischen Einschätzung gelangt und von einer Erhaltung der taiwanesischen Kapazitäten und Fähigkeiten im Falle einer Invasion oder zumindest der Möglichkeit ihres Wiederaufbaus ausgeht. Die hierbei vorgenommene Relativierung prinzipiell konflikthemmender Einschränkungen basiert also insbesondere darauf, dass Risiken und potenzielle Effektivitätseinbußen angesichts der Wahrnehmung einer existenziellen Bedrohung stark an Bedeutung verlieren. Zudem kann insbesondere im Rahmen des ersten Szenarios selbst die vollständige Zerstörung der taiwanesischen Chipindustrie vonseiten der Volksrepublik, der Logik des *vulnerability gaps* folgend,[36] als positiv bewertet werden.[37]

Im Umkehrschluss muss allerdings betont werden, dass durch die Fokussierung auf die Chip-Kontrollen als Katalysator der zum Krieg führenden Dynamik[38] nicht argumentiert wird, dass es sich dabei um die einzig denkbare Ursache für den Ausbruch eines militärischen Konflikts zwischen China und den USA handelt. Natürlich sind Kriege im Regelfall nicht monokausal auf eine Ursache zurückzuführen, sondern das Produkt mehrerer Faktoren. So formulierte Herfried Münkler einen alternativen Erklärungsansatz für den russischen Krieg gegen die Ukraine, der auch im Kontext des angespannten Verhältnisses zwischen China und Taiwan relevant erscheint:

> „Diesem Erklärungsansatz zufolge ging und geht es im Ukrainekrieg an erster Stelle nicht um die Wiederherstellung des zarischen oder sowjetischen Imperiums, sondern um die Zerschlagung einer ansatzweise demokratischen Ukraine, von der man im Kreml befürchtet, sie könnte die russische Bevölkerung dazu bringen, ebenfalls demokratische Reformen einzufordern – nicht bloß deswegen, weil in der Ukraine die Bevölkerung in fairen Wahlen Präsidenten austauschen und Politikwechsel herbeiführen konnte, sondern weil sich

---

[36] Siehe Seite 127f.

[37] Siehe oben.

[38] Im Kontext der beiden Szenarien.

> dort auch ein höherer Lebensstandard als in Russland entwickelte. Es ging und geht darum, an den Grenzen des real existierenden Russland ein ‚alternatives Russland' zu verhindern, das eine für die Herren im Kreml gefährliche Attraktivität gewinnen könnte" (Münkler 2023: 91).

Durch eine Übertragung dieser Argumentation auf das angespannte Verhältnis zwischen den beiden „Chinas" könnte allein der Erfolg des demokratischen Projekts in Taiwan für die Volksrepublik einen Kriegsgrund konstituieren. Es mag zwar richtigerweise eingewendet werden, dass sich die Volksrepublik China und Taiwan etwa im Hinblick auf die Relation der Bevölkerungszahlen oder ihre Geografie deutlich stärker voneinander unterscheiden als Russland und die Ukraine, dennoch ist nicht auszuschließen, dass sich die Republik China (Taiwan) zukünftig in den Köpfen der Festlandchinesen zu einem „alternativen China" im Sinne Münklers und somit zur Gefahr für die kommunistische Führung der Volksrepublik entwickeln könnte.

Neben der Taiwan-Frage ist auch die angespannte Situation im Südchinesischen Meer durch chinesische Gebietsansprüche und damit zusammenhängende Aktionen sowie Vorfälle als möglicher Kriegsgrund zu nennen.[39] So konstatierten Fravel und Glaser 2022 im Rahmen eines Aufsatzes für die Fachzeitschrift *International Security*: „The South China Sea is now considered an increasingly likely locus of conflict between the United States and China" (Fravel/Glaser 2022: 89). Schließlich könnte also die angespannte Situation im Südchinesischen Meer, eine ideologisch-begründete „Wiedervereinigung" Chinas mit Taiwan, das Aufeinandertreffen zweier Großmächte im Sinne der „Thukydides-Falle" sowie die Auswirkungen der US-Halbleiter-Kontrollen gleichzeitig zu Ursachen eines mili-

[39] Zu Chinas Vorgehen im Südchinesischen Meer: „Now, however, China appears to want to control a vast body of water in a critical region of the world. Around 2008, China started adopting more assertive policies in the South China Sea. Since then, it has seized control of Scarborough Shoal, built artificial islands in the Spratly Islands and constructed large military bases on three of them, and rejected an international tribunal ruling that invalidated Chinese claims to historic rights within the 'nine-dash line.' More recently, China has harassed and intimidated Vietnamese and Malaysian vessels within their Exclusive Economic Zones (EEZs). Taken together, China's actions suggest that it is intent on dominating the South China Sea" (Fravel/Glaser 2022: 88).

tärischen Konflikts zwischen China und den USA in der Region werden. Dies soll jedoch keinesfalls die Bedeutung der US-Chip-Sanktionen relativieren, da diese auch zum hauptsächlichen beziehungsweise ausschlaggebenden Grund für einen Kriegsausbruch zwischen den beiden Großmächten werden können.

Es ist jedoch sogar möglich, dass bestimmte Sachverhalte eine Eskalation situationsspezifisch sowohl entschärfen als auch fördern. So kann insbesondere die zentrale Bedeutung der taiwanesischen Chipindustrie für die USA dazu beitragen, dass die Vereinigten Staaten glaubhafter mit einer Gegenreaktion im Falle eines chinesischen Angriffs auf den Inselstaat drohen könnten. Dadurch würde sich möglicherweise die Schwelle, bei der die chinesische Regierung die aufgezwungene „Wiedervereinigung" mit Festlandchina ernsthaft in Erwägung zieht, erhöhen. Zeitgleich könnte die Relevanz der taiwanesischen Chipindustrie für die USA jedoch auch bedeuten, dass, sollte es doch zu einem chinesischen Angriff auf Taiwan kommen, die USA weniger gewillt sein würden einen militärischen Konflikt mit China zu vermeiden. In diesem Kontext wäre diese Bedeutung der Halbleiterfertigung auf der Insel für die Vereinigten Staaten als konfliktverschärfend zu charakterisieren. Ebenfalls zu beachten ist, dass sich die Kalkulationen Pekings schlagartig ändern können, wenn die US-Streitkräfte durch Krisen plötzlich in anderen Weltregionen besonders gefordert beziehungsweise gebunden wären. Der überraschende Angriff der Terrororganisation Hamas im Süden Israels am 7. Oktober 2023[40] und das von einer potenziellen Ausweitung des Konflikts [41] ausgehende Risiko zeigen, wie schnell ein solches Szenario drohen kann.

---

[40] Die Hamas wird unter anderem von der Europäischen Union sowie vonseiten der USA und Großbritanniens als Terrororganisation eingestuft (vgl. Ernst 2023). Auch mit Blick auf die brutalen Taten der Hamas im Süden Israels vom 7. Oktober 2023 (vgl. Collins 2023), die hinsichtlich ihres Charakters nicht von den Anschlägen des sogenannten Islamischen Staats oder al-Qaida zu unterscheiden sind, erscheint diese Klassifizierung als zutreffend.

[41] Als Reaktion auf die Androhung einer Ausweitung des Krieges durch den Iran und pro-iranische Milizen wie die Hisbollah im Südlibanon, entsendeten die USA zusätzliche Raketenabwehrsysteme in die Region (vgl. Martínez 2023). Gegenwärtig [Stand Februar 2024] stellen aber vor allem die Angriffe der jementischen Huthi-Rebellen auf Schiffe im Roten Meer die USA vor ernsthafte Probleme (vgl.

Eine unilaterale Entscheidung Taiwans für eine „Wiedervereinigung" oder formelle Unabhängigkeit erscheint hingegen unwahrscheinlich. So gewann Lai Ching-Te von der Demokratischen Fortschrittspartei die taiwanesischen Präsidentschaftswahlen am 13. Januar 2024, obwohl Peking diesen im Vorfeld als separatistisch gebrandmarkt und entsprechenden Druck aufgebaut hatte (vgl. Lee/Wu 2024). Lai sprach sich allerdings für die Erhaltung des *Status quo* und gegen eine offizielle Unabhängigkeitserklärung Taiwans aus, eine Haltung, die im Nachgang der Wahl auch von US-Präsident Biden geteilt wurde (vgl. Lee/Wu 2024; Holland 2024 et al.). China hingegen versuchte den Wahlsieg Lais herunterzuspielen und ließ über einen Sprecher vermelden: „the results reveal that the Democratic Progressive Party cannot represent the mainstream public opinion on the island" (Xinhua 2024). Dass im Wahlkampf selbst der von Peking präferierte Gegenkandidat, Hou Yu-ich, versprach, eine „Wiedervereinigung" mit der Volksrepublik nicht zu verfolgen (vgl. Mistreanu 2024), suggeriert hingegen, dass eine freiwillige Aufgabe der *de facto* Unabhängigkeit vonseiten Taiwans nicht zu erwarten ist. Gestützt wird diese These auch durch eine Umfrage der taiwanesischen *National Chengchi University*[42] von 2023, in der sich weniger als acht Prozent der befragten Taiwanesen für eine „Wiedervereinigung" mit Festlandchina, jetzt oder in Zukunft, aussprachen (vgl. Election Study Center 2023). Mehr als 80 Prozent befürworteten hingegen zumindest gegenwärtig die Aufrechterhaltung des *Status quo*, auch wenn ungefähr jeder fünfte Befragte die Antwortmöglichkeit „Maintain status quo, move toward independence" (ebd.) wählte (vgl. ebd.). Es existieren in Taiwan also durchaus Sympathien für eine offizielle Unabhängigkeit von China, allerdings erscheint es unwahrscheinlich, dass sich eine taiwanesische Regierung in dieser zentralen Frage über den expliziten Willen ihrer Schutzmacht, den USA, hinwegsetzen würde.

Cooper/Schmitt 2024). Die Lage in der Region verschärfte sich weiter als pro-iranische Milizen am 28. Januar 2024 3 US-Soldaten bei einem Drohnenangriff auf eine Basis in Jordanien töteten (vgl. Schmitt 2024). Als Reaktion führten die USA am 2. Februar Angriffe gegen mehr als 85 Ziele der iranischen *Quds*-Einheit sowie pro-iranischer Milizen im Irak und Syrien durch (vgl. Cooper/Schmitt et al. 2024). Die Vereinigten Staaten griffen allerdings keine Ziele auf iranischem Staatsgebiet an.

[42] Das *Election Study Center* der Universität erhebt die Daten zum Meinungsbild der Taiwanesen in dieser Frage kontinuierlich seit 1994 (vgl. Election Study Center 2023).

Es kann also konstatiert werden, dass die US-Halbleiter-Kontrollen vom Oktober 2022 sowie ihre Verschärfung mit einem erheblichen militärischen Eskalationsrisiko verbunden sind. Ursächlich dafür ist, dass die *essenzielle* Gefährdung der chinesischen Digitalambitionen und Modernisierungsziele Xis durch die US-Chip-Sanktionen von Peking als Grundlage einer *existenziellen* Bedrohung Chinas oder des Machtanspruchs der Kommunistischen Führung gewertet werden könnte. Falls die chinesische Regierung unter Xi Jinping in Zukunft zu einer solchen Einschätzung gelangen sollte, bestünde die akute Gefahr eines Kriegsausbruchs zwischen China und den USA durch eine chinesische Invasion Taiwans. Dennoch muss betont werden, dass diese Dynamik weder auftreten noch zu einer militärischen Eskalation führen muss. Gleichzeitig darf dieses Eskalationsrisiko allerdings keinesfalls unterschätzt werden, weshalb sich auch die Frage stellt, ob andere Staaten, zum Beispiel in Europa, über Möglichkeiten verfügen, durch ihre Vertreter in der Halbleiterindustrie zu einer Deeskalation beizutragen. Insbesondere die USA sollten aber prinzipiell nicht ausschließen, die Chip-Sanktionen zur Vermeidung eines militärischen Konflikts gegebenenfalls auch abzuschwächen. Falls die relevanten Akteure auf beiden Seiten hingegen nicht umsichtig handeln sollten, kann es schlimmstenfalls dazu kommen, dass China und die USA in Zukunft Opfer einer Dynamik werden, durch die sich der sino-amerikanische „Chip War" zu einem „heißen Krieg" auswachsen könnte, der zweifellos katastrophale Folgen für die gesamte Welt hätte.

7. Fazit

Eingangs war die These aufgestellt worden, dass durch die US-Halbleiter-Sanktionen vom Oktober 2022 und deren Verschärfung Chinas digitale Ambitionen sowie die damit verbundenen wirtschaftlichen und militärischen Modernisierungsziele Xi Jinpings essenziell gefährdet werden und sich daraus eine Dynamik entwickeln kann, die sogar zum Ausbruch eines militärischen Konflikts zwischen China und den USA führen könnte.

Diese These bestätigte sich, da folgende Schlussfolgerung gezogen werden kann: Chinas digitale Ambitionen sind von fundamentaler Bedeutung für die wirtschaftlichen und militärischen Modernisierungsziele Xi Jinpings im Rahmen seines „Traums von der Verjüngung der chinesischen Nation". Um diese Ambitionen und die damit verbundenen Ziele realisieren zu können ist die chinesische Regierung allerdings auf den Zugang zu fortschrittlichsten Halbleiterchips angewiesen. Die gegen China gerichteten US-Halbleiter-Sanktionen vom Oktober 2022 sowie deren Verschärfung schränken die Verfügbarkeit dieser *High-Tech*-Chips in der Volksrepublik jedoch stark ein und gefährden somit die digitalen Ambitionen und Modernisierungsziele der chinesischen Führung essenziell. So verfügt Peking nicht über die Mittel, um effektiv auf diese Sanktionen der USA reagieren zu können. Aufgrund dieser Ausgangslage kann der sino-amerikanische „Chip War" potenziell eine Dynamik entfalten, durch die sich China zu einer Invasion Taiwans verleitet sieht, die zum Ausbruch eines militärischen Konflikts zwischen der Volksrepublik und den Vereinigten Staaten führten könnte.

Diese Schlussfolgerung ergab sich aus der Auseinandersetzung mit den eingangs gestellten Leitfragen und kann folgendermaßen konkretisiert beziehungsweise begründet werden.

Das Narrativ vom „Jahrhundert der Demütigung" stellt für den gegenwärtigen chinesischen Präsidenten und Generalsekretär der Kommunistischen Partei Xi Jinping, wie auch schon für Xis Amtsvorgänger, einen zentralen Bezugspunkt dar. Xi nutzt dieses Geschichtsverständnis, um seine übergeordneten wirtschaftlichen und militärischen Modernisierungsziele im Rahmen des „Traums von der Verjüngung der chinesischen Nation" zu legitimieren und emotional aufzuladen. So setzt Xi die Realisierung von Entwicklungsperspektiven Chinas durch Modernisierung mit dem nationalen Sicherheitsinteresse gleich und bezieht sich dabei auf die historischen Lehren des „Jahrhunderts der Demütigung", aus denen er die Alternativlosigkeit der Entwicklung Chinas ableitet. Konkret solle sich die Volksrepublik bis Mitte des 21. Jahrhunderts zu einem „modernen sozialistischen Land" entwickelt haben und als Ergebnis eines Modernisierungsprozesses über militärische Streitkräfte von „Weltrang" verfügen. Grundlegend für eine Realisierung dieser Modernisierungsziele sind insbesondere die folgenden digitalen Ambitionen der chinesischen Regierung, welche sich aus offiziellen Verlautbarungen der Staatsführung und deren praktischen Umsetzungen ableiten lassen.

Von fundamentaler Bedeutung ist diesbezüglich die *MIC25*-Initiative als eine Art geplantes „Update" für die chinesische Industrie durch technologische Modernisierung sowie zur Verringerung von Auslandsabhängigkeiten. Die heimische Industrie wird dabei von chinesischer Seite, auch mit einem Verweis auf die Geschichte Chinas, als zentrale Basis chinesischer Stärke und Staatlichkeit charakterisiert. Eine weitere zentrale Legitimation der *MIC25*-Initiative bildet ein wirtschaftliches Schreckensszenario Pekings, in dessen Rahmen China weder mit Entwicklungs- noch mit Industrieländern konkurrenzfähig wäre. Mittel der Wahl zur praktischen Umsetzung von *MIC25* ist neben einer äußerst umfangreichen Subventionierung relevanter chinesischer Unternehmen auch der Technologietransfer nach China, etwa durch Forschungskooperationen oder *Joint Ventures* mit ausländischen Akteuren.

Eine weitere zentrale Komponente der chinesischen Digitalambitionen besteht in dem Ziel, bis 2030 zum Weltführer im Bereich Künstlicher Intelligenz aufzusteigen. Peking sieht in KI eine elementare Voraussetzung zur Realisierung der wirtschaftlichen und industriellen Transformation Chinas, weshalb Künstliche Intelligenz auch als Grundlagentechnologie zur Erreichung der mit *MIC25* verbundenen Ambitionen charakterisiert werden muss. Zudem ist KI für die chinesische Führung auch hinsichtlich ihres militärischen Modernisierungsziels von eminenter Bedeutung. Uneinigkeit besteht bei chinesischen Militärtheoretikern in der Regel lediglich darin, ob militärische Anwendungspotenziale Künstlicher Intelligenz eine Revolution oder Evolution in der Kriegsführung begründen würden. Insgesamt lässt sich eine erhebliche KI-Gläubigkeit chinesischer Eliten feststellen. Es wurde ebenfalls deutlich, dass der Diskurs in China zu diesem Thema stark von US-amerikanischen Entwicklungen und Theorien geprägt ist, von denen vor allem der „Dritte *Offset*“ und die *Revolution in Military Affairs (RMA)* zu nennen sind.

Die sogenannte *Digital Silk Road* spiegelt hingegen primär die außenpolitische Stoßrichtung der digitalen Ambitionen Chinas wider. So sollen chinesische Digital-Unternehmen im Rahmen der *DSR* verstärkt auf internationale Märkte vordringen, wodurch unter anderem auch globale KI- und 5G-Standards im Sinne der chinesischen Führung geprägt werden könnten. In diesem Kontext ist der Huawei-Konzern wegen seiner Rolle beim weltweiten 5G-Ausbau ein zentrales Beispiel. Doch auch eine Nutzung der von Huawei aufgebauten 5G-Infrastruktur zu Spionage- oder sogar Sabotagezwecken durch Peking ist nicht auszuschließen und stellt dementsprechend prinzipiell eine Möglichkeit der Auslandseinflussnahme dar. Aus diesen Gründen ist das Misstrauen westlicher Staaten gegenüber Huawei bis hin zum Ausschluss des Unternehmens vom 5G-Ausbau als nachvollziehbar zu bewerten.

Für die Realisierung dieser digitalen Ambitionen benötigt China jedoch Zugang zu den fortschrittlichsten Halbleiterchips, welche insbesondere die Basis für die Schlüsseltechnologie Künstliche Intelligenz darstellen. Daher formulierte die chinesische Regierung bereits 2014 das Ziel, bis 2030 eine heimische Halbleiterindustrie aufzubauen, die in sämtlichen Arbeitsschritten der Chip-Wertschöpfungskette mindestens international wettbewerbsfähig oder sogar weltweit führend sein soll. Eine Zwischenbilanz, knapp zehn Jahre nach der Formulierung dieser Ziele, muss jedoch aus chinesischer Sicht enttäuschend ausfallen. So weisen chinesische Unternehmen aktuell nur einen geringen Anteil an der globalen Halbleiterindustrie auf. Vor allem in der Wertschöpfungskette zur Produktion der fortschrittlichsten Chips, die insbesondere im KI-Bereich zur Anwendung kommen, sind chinesische Firmen sogar nahezu bedeutungslos. Dieses auch als *bottleneck* oder *choke point* beschriebene Problem Chinas verschärft sich noch einmal erheblich dadurch, dass die relevanten weltweit führenden Unternehmen in der globalen Halbleiterindustrie ausschließlich entweder in den USA, dem zentralen geopolitischen Rivalen Chinas, oder in Staaten verortet sind, die sich als US-Verbündete charakterisieren lassen. Hervorzuheben sind diesbezüglich vor allem die niederländische Firma ASML als Hersteller von Lithografie-Maschinen sowie das taiwanesische Unternehmen TSMC und Samsung aus Südkorea, in deren Fabriken die fortschrittlichsten *Logic-Chips* ausschließlich produziert werden. US-amerikanische

Akteure sind hingegen vor allem beim *Logic-Chip*-Design sowie teilweise auch im Equipment-Bereich führend.

Diese Auslandsabhängigkeit Chinas machten sich die USA im Rahmen der Halbleiter-Sanktionen vom Oktober 2022 und deren Verschärfung im Oktober 2023 zu Nutze. So verhängte die US-Regierung ein effektives Verbot für den Export von *High-End-Chips* und der für ihre Produktion nötigen Güter einschließlich des Equipments nach China. Ermöglicht wurde dies insbesondere durch eine enge Kooperation der USA mit den Niederlanden und Japan sowie durch Abstimmungen mit Taiwan und Südkorea. Durch diese Internationalisierung des Exportkontrollregimes sind chinesische Firmen, insbesondere im KI-Sektor, nun auf legalem Weg *de facto* vom Zugang zu den fortschrittlichsten Halbleiterchips abgeschnitten. Auch dem bislang ohnehin wenig erfolgreichen Aufbau entsprechender Kapazitäten in China wurden durch die Sanktionen noch deutlich höhere Hürden gesetzt.

Obwohl die digitalen Ambitionen Chinas sowie die damit verbundenen militärischen und wirtschaftlichen Modernisierungsziele Xi Jinpings durch diese US-Halbleiter-Kontrollen demnach essenziell gefährdet sind, blieb eine starke Gegenreaktion der Volksrepublik bislang aus. Ursächlich dafür ist wahrscheinlich, dass potenzielle Maßnahmen des chinesischen Staats, die vordergründig naheliegend erscheinen, entweder nicht effektiv genug wären oder China mindestens ebenso stark treffen würden wie ihr eigentliches Ziel, die USA. So war der Subventionierungsansatz, bei dem es sich im Kern um ein „Weiter so" durch eine Fortführung oder Ausweitung der Subventionierung chinesischer Chip-Firmen handelt, bereits in der Vergangenheit nur wenig erfolgreich. Eine Umgehung der Sanktionen durch Spionage zum Technologietransfer oder durch den Schmuggel der benötigten Chips nach China würde ebenfalls nicht den gewünschten Effekt haben. Schließlich stehen dem erfolgreichen Einsatz von Spionage die Gegenmaßnahmen der anvisierten Länder beziehungsweise Unternehmen sowie neue Herausforderungen hinsichtlich der Nutzung der gewonnenen Informationen im Weg, während der Chip-Schmuggel nicht in der nötigen Größenordnung möglich ist und eine Nutzung ausländischer Cloudanbieter in starkem Widerspruch zu Chinas restriktiver Internetpolitik stehen würde. Auch die Option zu einem effektiven wirtschaftlichen Gegenschlag existiert für die chinesische Führung nicht, da Peking diesbezüglich durch wirtschaftliche Abhängigkeiten zu Ungunsten Chinas limitiert ist und sich wirtschaftliche Abhängigkeiten zu Gunsten der Volksrepublik wie bei „seltenen Erden“ nicht effektiv ausnutzen lassen. Zudem würde sich die chinesische Regierung bei einem solchen Vorgehen grundsätzlich selbst aus internationalen Handelsketten herauslösen, die sie eigentlich prägen und auf China ausrichten will. Ein eskalierender Wirtschaftskrieg mit den USA würde die chinesische Volkswirtschaft darüber hinaus ebenfalls massiv treffen und stellt daher keine Maßnahme dar, die vergleichbar mit dem nahezu chirurgischen Charakter der US-Chip-Sanktionen vom Oktober 2022 beziehungsweise deren Verschärfung ist und würde stattdessen einer selbstzerstörerischen Logik folgen.

Die Situation, dass es für China nicht möglich zu sein scheint, effektiv auf die US-Exportkontrollen zu reagieren, stellt ein erhebliches Eskalationsrisiko des sino-amerikanischen Technologiekonflikts dar. Im ungünstigsten Fall könnten die Halbleiter-Sanktionen der USA sogar zum Katalysator für eine militärische Eskalation zwischen China und den Vereinigten Staaten durch eine chinesische Invasion Taiwans werden. Die zentrale Grundvoraussetzung dafür wäre allerdings, dass die kommunistische Führung den in China stark eingeschränkten Zugriff auf die fortschrittlichsten Halbleiterchips als *existenzielle* Bedrohung für das Land oder für sich selbst wahrnehmen würde.

Eine Betrachtung der Dynamik, welche zum Ausbruch des Pazifikkrieges 1941 führte, zeigte, auch im Kontext der „Thukyidides-Falle“, dass eine ähnliche geopolitische Dynamik bereits einen kriegerischen Ausgang nahm. Selbst Gegebenheiten, die eigentlich kriegshemmend wirken sollten, können dann für die entsprechenden Entscheidungsträger irrelevant erscheinen. So könnte sich die chinesische Regierung durch die US-Halbleiter-Kontrollen aus wirtschaftlicher wie auch aus militärischer Sicht zu einer Invasion Taiwans als *Ultima Ratio* verleitet sehen. Grundlegend dafür wäre, dass die digitalen Ambitionen und Modernisierungsziele Chinas aus der Sicht Pekings durch die US-Halbleiter-Kontrollen essenziell gefährdet wären. Falls es zu einem solchen Szenario kommen sollte, ist allerdings anzunehmen, dass die US-Chip-Sanktionen nicht als alleiniger Kriegsgrund zu betrachten wären, sondern multifaktoriell mit weiteren Ursachen zusammenwirken würden, die bereits gegenwärtig zu der angespannten Lage in der Region beitragen. Zu nennen sind in diesem Kontext neben den US-Halbleiter-Kontrollen unter anderem: Das auch als „Thukyidides-Falle“ bezeichnete Spannungsverhältnis zwischen einer aufsteigenden und einer etablierten Großmacht, Chinas Gebietsansprüche im Südchinesischen Meer sowie das historische Verhältnis der Volksrepublik China zu Taiwan und insbesondere die Gefahr, welche von einem prosperierenden und demokratischen Taiwan für die Legitimität der kommunistischen Partei in China ausgeht. Dennoch bergen die Chip-Sanktionen der USA für sich genommen bereits ein enormes Konfliktpotenzial und könnten schlimmstenfalls den hauptsächlichen Grund für einen Kriegsausbruch zwischen den USA und der Volksrepublik China konstituieren.

Diese Überlegungen sollen hingegen nicht als Prognose missverstanden werden, dass es durch die US-Halbleiter-Sanktionen wahrscheinlich oder gar zwangsläufig zu einem Kriegsausbruch zwischen China und den Vereinigten Staaten kommen wird. Zum gegenwärtigen Zeitpunkt besteht noch keine Notwendigkeit für die USA, eine Abschwächung oder sogar Aufhebung der Exportkontrollen zu beschließen. Allerdings muss sich Washington der Präzision und Wirkmächtigkeit dieses Mittels stets bewusst sein und kontinuierlich evaluieren, wie sich die Effekte dieser Sanktionen auswirken und von der chinesischen Führung wahrgenommen werden. In diesem Kontext stellt sich ebenfalls die Frage, über welche Handlungsmöglichkeiten europäische Staaten verfügen, um ihre Stellung in der globalen Chipindustrie zur Konfliktvermeidung auszuspielen. Denn auch wenn die Bewertung der Situation und die davon ausgehende Gefahr primär von der Perzeption der jeweiligen Entscheidungsträger abhängt und somit immer ein bestimmtes Maß an Unsicherheit inkludiert, besteht kein Zweifel daran, dass ein militärischer Konflikt zwischen den USA und China katastrophale Folgen für die gesamte Welt hätte.

Abkürzungsverzeichnis

5G: Fifth Generation
AMD: Advanced Micro Devices Inc.
AI: Artificial Intelligence
AU: Afrikanische Union
ASPI: Australian Strategic Policy Institute
ATP: Assembling, Testing and Packaging
BIS: Bureau of Industry and Security
BRI: Belt and Road Initiative
CSIS: Center for Strategic and International Studies
CFR: Council on Foreign Relations
CNAS: Center for a New American Security
DSR: Digital Silk Road
DRAM: Dynamic random-access memory
EDA: Electronic Design Automation
EUV: extreme ultraviolet
FBI: Federal Bureau of Investigation
FDI: Foreign Direct Investment
GPT: Generative Pre-Trained Transformer
IDM: integrated device manufacturer
ISA: instruction set architecture
IP: Intellectual Property
IT: Information Technology
KI: Künstliche Intelligenz
LED: light emitting diodes
LTE: Long Term Evolution
MCF: Military-Civil Fusion
MERICS: Mercator Institute for China Studies

MIC25: Made in China 2025

NAND: NAND flash

OTT: Over-the-top

PLA: People's Liberation Army

PRC: People's Republic of China

RMA: Revolution in Military Affairs

SCC: Sozialismus mit chinesischen Charakteristika

TSMC: Taiwan Semiconductor Manufacturing Company

Literaturverzeichnis

Adamsky, Dmitry (2023): The Two Marshals. Nikolai Ogarkov, Andrew Marshall, and the Revolution in Military Affairs, in: Brands, Hal (Hrsg.): The New Makers of Modern Strategy. From the Ancient World to the Digital Age, S. 895- 917, New Jersey/Oxford.

Agrawal, Ravi (2023): From the editor, in: Andrew Sollinger (Foreign Policy) (Hrsg.): The Scramble for AI, Washington, D.C., S. 4.

Allen, Gregory C. (2022): Choking off China's Access to the future of AI, online im Internet: https://csis-website-prod.s3.amazonaws.com/s3fs-public/2023-04/221011_Allen_China_AccesstoAI.pdf?VersionId=V2RCmPjpR8nQOybvB2LmNIu1Yx6RlYvA, 2022, [zugegriffen am: 20.10.2023].

Allen, Gregory C./Benson, Emily/Reinsch, William Alan (2022): Improved Export Controls Enforcement Technology Needed for U.S. National Security, o.O.

Allen, Gregory C. (2023): China's New Strategy for Waging the Microchip Tech War, online im Internet: https://csis-website-prod.s3.amazonaws.com/s3fs-public/2023-05/230503_Allen_Microchip_War.pdf?VersionId=hGO78uxC3Z3yCzdS8R_bqlNgg7RQpHJO, 2023, [zugegriffen am: 03.11.2023].

Allison, Graham (2017): Destined for War. Can America and China escape Thukydides Trap?, London/Melbourne.

Allison, Graham (2020): Could Donald Trump's War Against Huawei Trigger a Real War With China?, online im Internet: https://www.belfercenter.org/publication/could-donald-trumps-war-against-huawei-trigger-real-war-china, 11.06.2020, [zugegriffen am: 28.11.2023].

Alpermann, Björn (2014): China, in: Lauth, Hans-Joachim (Hrsg.): Politische Systeme im Vergleich. Formale und informelle Institutionen im politischen Prozess, München, S.89-126.

Arthur, Charles (2013): Tech giants may be huge, but nothing matches big data, online im Internet: https://www.theguardian.com/technology/2013/aug/23/tech-giants-data, 23.08.2013, [zugegriffen am: 12.11.2023].

ASPI (Hrsg.) (2021a): About this project, online im Internet: https://chinatechmap.aspi.org.au/#/about-this-project/, 2021, [zugegriffen am: 03.10.2023].

ASPI (Hrsg.) (2021b): Analysis, online im Internet: https://chinatechmap.aspi.org.au/#/analysis/, 2021, [zugegriffen am: 03.10.2023].

ASPI (Hrsg.) (2021c): Glossary, online im Internet: https://chinatechmap.aspi.org.au/#/glossary/, 2021, [zugegriffen am: 03.10.2023].

ASPI (Hrsg.) (2021d): Data listing, online im Internet: https://chinatechmap.aspi.org.au/#/data/, 2021, [zugegriffen am: 03.10.2023].

Bade, Gavin (2022): 'A sea change': Biden reverses decades of Chinese trade policy, online im Internet: https://www.politico.com/news/2022/12/26/china-trade-tech-00072232, 26.12.2022, [zugegriffen am: 03.11.2023].

Ballentine, Claire (2018): U.S. Lifts Ban That Kept ZTE From Doing Business With American Suppliers, online im Internet: https://www.nytimes.com/2018/07/13/business/zte-ban-trump.html, 13.07.2018, [zugegriffen am: 25.11.2023].

BBC (Hrsg.) (2010): China resumes rare earth exports to Japan, online im Internet: https://www.bbc.com/news/business-11826870, 24.11.2010, [zugegriffen am: 24.11.2023].

Bischof, Christian/Bücker, Martin/Gibbon, Paul/Joubert, Gerhard/Lippert, Thomas/Mohr, Bernd/Peters, Frans (2007): Preface, in: John von Neumann Institute for Computing (Hrsg.): Parallel Computing: Architectures, Algorithms and Applications, Jülich, S. v-vi.

Blanchard, Ben (2010): China cuts rare earth export quotas, U.S. concerned, online im Internet: https://www.reuters.com/article/us-china-rareearth-idUSTRE6BR0KX20101228, 28.12.2010, [zugegriffen am: 24.11.2023].

Blanchette, Jude/Hass, Ryan (2023): The Taiwan Long Game. Why the Best Solution Is No Solution, in: Foreign Affairs, 102. Jg., Heft 1, S. 102-114.

Braml, Josef/Burrows, Matthew (2023): Die Traumwandler. Wie China und die USA in einen neuen Weltkrieg schlittern, München.

Branstetter, Lee G./Li, Guangwei (2022): Does "Made in China 2025" work for China? Evidence from Chinese Listed Firms, Cambridge.

Bremmer, Ian/Suleyman, Mustafa (2023): The AI Power Paradox, in: Foreign Affairs, 102. Jg., Heft 5, S. 26-43.

Bureau of Industry and Security (Hrsg.) (2022): Commerce Implements New Export Controls on Advanced Computing and Semiconductor Manufacturing Items to the People's Republic of China (PRC), online im Internet: https://www.bis.doc.gov/index.php/documents/about-bis/newsroom/press-releases/3158-2022-10-07-bis-press-release-advanced-computing-and-semiconductor-manufacturing-controls-final/file, 07.10.2022, [zugegriffen am: 20.09.2023].

Bureau of Industry and Security (Hrsg.) (2023): Commerce Strengthens Restrictions on Advanced Computing Semiconductors, Semiconductor Manufacturing Equipment, and Supercomputing Items to Countries of Concern, online im Internet: https://www.bis.doc.gov/index.php/documents/about-bis/newsroom/press-releases/3355-2023-10-17-bis-press-release-acs-and-sme-rules-final-js/file, 17.10.2023, [zugegriffen am: 23.10.2023].

CBRE (Hrsg.) (2023): Artificial Intelligence: What is its future and how will it impact data center markets?, online im Internet: https://www.cbre.com/insights/briefs/artificial-intelligence-what-is-its-future-and-how-will-it-impact-data-center-markets, 17.03.2023, [zugegriffen am: 10.11.2023].

Cerulus, Laurens/Wheaton, Sarah (2022): How Washington chased Huawei out of Europe, online im Internet: https://www.politico.eu/article/us-china-huawei-europe-market/, 23.11.2022, [zugegriffen am: 30.09.2023].

CFR (Hrsg.) (2023): China's Massive Belt and Road Initiative, online im Internet: https://www.cfr.org/backgrounder/chinas-massive-belt-and-road-initiative, 02.02.2023, [zugegriffen am: 22.09.2023].

Cha, Victor D. (2023): Collective Resilience. Deterring China's Weaponization of Economic Interdependence, in: International Security, 48. Jg., Heft 1, S. 91-124.

Cheng, Ting-Fang (2022): TSMC gets 1-year US licence for China chip expansion, online im Internet: https://www.ft.com/content/2e38805c-d446-45ec-94eb-40b229d4cc97, 19.10.2022, [zugegriffen am: 15.10.2023].

Cheng, Ting-Fang/Li, Lauly (2020): China aims to shake US grip on chip design tools, online im Internet: https://asia.nikkei.com/Business/China-tech/China-aims-to-shake-US-grip-on-chip-design-tools, 25.11.2020, [zugegriffen am: 13.10.2023].

Cheng, Ting-Fang/Li, Lauly (2023): TSMC delays U.S. chip plant start to 2025 due to labor shortages, online im Internet: https://asia.nikkei.com/Business/Tech/Semiconductors/TSMC-delays-U.S.-chip-plant-start-to-2025-due-to-labor-shortages, 20.07.2023, [zugegriffen am: 21.10.2023].

China Daily (Hrsg.) (2014): China announces measures to boost IC industry, online im Internet: http://usa.chinadaily.com.cn/business/2014-06/25/content_17613997.htm, 25.06.2014, [zugegriffen am: 21.09.2023].

ChinaFile (Hrsg.) (2014): John K. Fairbank, online im Internet: https://www.chinafile.com/contributors/john-k-fairbank, 29.05.2014, [zugegriffen am: 15.09.2023].

Chuin-Wei, Yap (2014): China Moves to Tighten Rare-Earths Control, Pave Way for Consolidation, online im Internet: https://www.wsj.com/articles/china-moves-to-tighten-rareearths-control-pave-way-for-consolidation-1388797373, 03.01.2014, [zugegriffen am: 15.11.2023].

Chuin-Wei, Yap (2019): State Support Helped Fuel Huawei's Global Rise, online im Internet: https://www.wsj.com/articles/state-support-helped-fuel-huaweis-global-rise-11577280736#:~:text=Tens%20of%20billions%20of%20dollars,rivals%20got%20from%20their%20governments., 25.12.2019, [zugegriffen am: 15.10.2023].

Clark, Don (2023): How Nvidia Built a Competitive Moat Around A.I. Chips, online im Internet: https://www.nytimes.com/2023/08/21/technology/nvidia-ai-chips-gpu.html, 24.08.2023, [zugegriffen am: 06.12.2023].

Clark, Don/Browning, Kellen (2022): In Phoenix, a Taiwanese Chip Giant Builds a Hedge Against China, online im Internet: https://www.nytimes.com/2022/12/06/technology/tsmc-chips-factory-phoenix.html, 06.12.2022, [zugegriffen am: 21.10.2023].

Collins, Kaitlan (2023): Why Israel showed searing images of the Hamas attack, online im Internet: https://edition.cnn.com/2023/10/29/world/why-israel-showed-searing-images-of-the-hamas-attack/index.html, 29.10.2023, [zugegriffen am: 30.10.2023].

Cooper, Helene/Schmitt, Eric (2024): How a Ragtag Militia in Yemen Became a Nimble U.S. Foe, online im Internet: https://www.nytimes.com/2024/01/24/us/politics/houthis-red-sea-airstrikes.html, 24.01.2024, [zugegriffen am: 28.01.2024].

Cooper, Helene/Schmitt, Eric/Barnes, Julian E. (2024): U.S. Conducts Retaliatory Strikes Against Iranian Proxies as War Deepens, online im Internet: https://www.nytimes.com/2024/02/02/us/politics/us-strikes-iranian-proxies.html?searchResultPosition=1, 02.02.2024, [zugegriffen am: 03.02.2024].

Cormac, Rory/Aldrich, Richard J. (2018): Grey is the new black: covert action and implausible deniability, in: International Affairs, 94. Jg., Heft 3, S. 477-494.

CSIS (Hrsg.) (2021): Does China Pose a Threat to Global Rare Earth Supply Chains?, online im Internet: https://chinapower.csis.org/china-rare-earths/, 12.05.2021, [zugegriffen am: 14.11.2023].

Daniels, Owen J. (2022): The "AI RMA" The Revolution Has Not Arrived (Yet), Jaffrey.

Davies, Christian/Sevastopulo, Demetri (2023): Washington signals support for South Korean chipmakers in US battle with China, online im Internet: https://www.ft.com/content/ec1d488e-ae3b-43d5-9231-a751db775f50, 03.05.2023, [zugegriffen am: 07.11.2023].

Davies, Christian/Song, Jung-a (2023): SK Hynix and Samsung's early bet on AI memory chips pays off, online im Internet: https://www.ft.com/content/8f65a241-414b-4661-8923-78f6b9941b65, 29.07.2023, [zugegriffen am: 20.01.2024].

Economist (Hrsg.) (2019): Rare earths give China leverage in the trade war, at a cost, online im Internet: https://www.economist.com/china/2019/06/15/rare-earths-give-china-leverage-in-the-trade-war-at-a-cost, 15.06.2019, [zugegriffen am: 14.11.2023].

Election Study Center (Hrsg.) (2023): Taiwan Independence vs. Unification with the Mainland (1994/12~2023/06), online im Internet: https://esc.nccu.edu.tw/PageDoc/Detail?fid=7801&id=6963, 12.07.2023, [zugegriffen am: 14.01.2024].

Ernst, Anna (2023): Warum die BBC nicht von "Terroristen" sprechen will, online im Internet: https://www.sueddeutsche.de/medien/bbc-terroristen-hamas-krieg-israel-kritik-1.6288050, 15.10.2023, [zugegriffen am: 30.10.2023].

European Commission (Hrsg.) (2019): EU-China - A strategic outlook, Strasbourg.

European Commission (Hrsg.) (2021): Eu Toolbox for 5G Security, o.O.

Fairbank, John K. (1968): The early treaty system in the Chinese World Order, in: John King Fairbank (Hrsg.): The Chinese World Order, Cambridge, S. 257-275.

Fedasiuk, Ryan/Melot, Jennifer/Murphy, Ben (2021): Harnessed Lightning. How the Chinese Military is adopting Artificial Intelligence, o.O.

Feldstein, Steven (2019): The Global Expansion of AI Surveillance, Washington, D.C.

Ferreira, Gustavo/Critelli, Jamie (2022): China's Global Monopoly on Rare-Earth Elements, in: The US Army War College Quartely: Parameters, 52. Jg., Heft 1, S. 57-72.

Finanzen.net (Hrsg.) (2023): Währungsrechner: Chinesischer Renmibi Yuan - Euro (CNY in EUR), online im Internet: https://www.finanzen.net/waehrungsrechner/chinesicher-renminbi-yuan_euro, 21.11.2023, [zugegriffen am: 21.11.2023].

Fist, Tim/Helm, Lennart/Schneider, Jordan (2023): Chinese Firms Are Evading Chip Controls, online im Internet: https://foreignpolicy.com/2023/06/21/china-united-states-semiconductor-chips-sanctions-evasion/, 21.06.2023, [zugegriffen am: 09.11.2023].

Fravel, M. Taylor/Glaser, Charles L. (2022): How Much Risk Should the United States Run in the South China Sea?, in: International Security, 47. Jg., Heft 2, S. 88-134.

Freedman, Lawrence (2004): Deterrence, Cambridge/Malden.

Friis, Karsten/Lysne, Olaf (2021): Huawei, 5G and Security: Technological Limitations and Political Responses, in: Development and Change, 52. Jg., Heft 5, S. 1174-1195.

Gallagher, Jill C./DeVine, Michael E. (2019): Fifth-Generation (5G) Telecommunications Technologies: Issues for Congress, o.O.

Galloway, Anthony (2021): China responsible for two thirds of state-sponsored cyber attacks, online im Internet: https://www.smh.com.au/politics/federal/china-responsible-for-two-thirds-of-state-sponsored-cyber-attacks-20210915-p58rt2.html, 16.09.2021, [zugegriffen am: 10.10.2023].

Gayde, William (2020): How Arm Came to Dominate the Mobile Market, online im Internet: https://www.techspot.com/article/1989-arm-inside/, 24.12.2020, [zugegriffen am: 20.10.2023].

Gholz, Eugene (2014): Rare Earth Elements and National Security, New York.

Goldfarb, Avi/Lindsay, Jon R. (2022): Prediction and Judgment. Why Artificial Intelligence Increases the Importance of Humans in War, in: International Security, 46. Jg., Heft 3, S. 7-50.

Greenslade, Roy (2016): What is Mail Online doing in partnership with the People's Daily of China?, online im Internet: https://www.theguardian.com/media/greenslade/2016/aug/12/mail-online-goes-into-partnership-with-the-peoples-daily-of-china, 12.08.2016, [zugegriffen am: 02.10.2023].

Gross, Anna/Bradshaw, Tim (2023): ASML chief warns of IP theft risks amid chip sanctions, online im Internet: https://www.ft.com/content/dfef74a7-bcc0-441b-95a5-380e212d9854, 08.03.2023, [zugegriffen am: 14.11.2023].

Haeck, Pieter (2023): The Netherlands to block export of advanced chips printers to China, online im Internet: https://www.politico.eu/article/netherlands-impose-restrictions-chips-export-to-china-asml/, 08.03.2023, [zugegriffen am: 25.10.2023].

Hagel, Chuck (2014): Reagan National Defense Forum Keynote, online im Internet: https://www.defense.gov/News/Speeches/Speech/Article/606635/, 15.11.2014, [zugegriffen am: 28.09.2023].

Harari, Yuval Noah (Hrsg.) (2019): Who Will Win the Race for AI?, online im Internet: https://foreignpolicy.com/gt-essay/who-will-win-the-race-for-ai-united-states-china-data/, 2019, [zugegriffen am: 03.10.2023].

Hart, Brian/Glaser, Bonnie S./Funaiole, Matthew P. (2021): China's 2027 Goal Marks the PLA's Centennial, Not an Expedited Military Modernization, in: China Brief, 21. Jg., Heft 6, 8-14.

Hayashi, Yuka/McKinnon, John D. (2023): U.S. Looks to Restrict China's Access to Cloud Computing to Protect Advanced Technology, online im Internet: https://www.wsj.com/articles/u-s-looks-to-restrict-chinas-access-to-cloud-computing-to-protect-advanced-technology-f771613, 04.07.2023, [zugegriffen am: 19.11.2023].

Hebner, Kevin/Priest, William W./Chan, Matthew W. (2021): Moore's Law & the Race for the Rest of the Chessboard, o.O.

Hillman, Jonathan E. (2022): The Digital Silk Road. China's Quest to Wire the World and Win the Future, London.

Hofer, Joachim (2023): Intel scheitert mit Milliardenübernahme – weil China blockiert, online im Internet: https://www.handelsblatt.com/technik/it-internet/halbleiter-intel-scheitert-mit-milliardenuebernahme-weil-china-blockiert/29334402.html, 16.08.2023, [zugegriffen am: 23.09.2023].

Holland, Steve/Bose, Nandita/Hunnicutt, Trevor (2024): U.S. does not support Taiwan independence, Biden says, online im Internet: https://www.reuters.com/world/biden-us-does-not-support-taiwan-independence-2024-01-13/, 14.01.2024, [zugegriffen am: 14.01.2024].

Huang, Yong (2019): Construction of digital Silk Road lights up BRI cooperation, online im Internet: http://en.people.cn/n3/2019/0424/c90000-9571418.html, 24.04.2019, [zugegriffen am: 03.10.2023].

Hunt, Will/Khan, Saif M./Peterson, Dahlia (2021): China's Progress in Semiconductor Manufacturing Equipment, o.O.

Iida, Masafumi (2022): PLA's Perception about the Impact of AI on Military Affairs, in: Security & Strategy, 2. Jg., S. 3-16.

Irwin, Douglas A. (1996): The U.S.-Japan Semiconductor Trade Conflict, in: Krueger, Anne O. (Hrsg.): The Political Economy of Trade Protection, Chicago, S. 5-14.

Jamestown Foundation (Hrsg.) (2016): In a Fortnight: Chinese Perceptions of the "Third Offset" Strategy, in: China Brief, 16. Jg., Heft 15, S. 1-3.

Johnston, Lauren A./Rudyak, Marina (2017): China's 'Innovative and Pragmatic' Foreign Aid: Shaped by and now Shaping Globalisation, in: Song, Ligang/Garnaut, Ross/Cai, Fang/Johnston, Lauren (Hrsg.): China's New Sources of Economic Growth. vol. 2. Human Capital, Innovation and Technological Change, (China Update Book Series), Acton, Australien, S. 431-451.

Kamin, David/Kysar, Rebecca (2023): The Perils of the New Industrial Policy. How to Stop a Global Race to the Bottom, in: Foreign Affairs, 102. Jg., Heft 3, S. 92-103.

Kamp, Matthias (2022): Xi Jinping zementiert seine Machtbasis, online im Internet: https://www.nzz.ch/international/zwischenfall-um-chinas-ex-parteichef-hu-jintao-auf-parteitag-ld.1708584, 23.10.2022, [zugegriffen am: 08.10.2023].

Kania, Elsa B. (2017): Battlefield Singularity: Artificial Intelligence, Military Revolution, and China's Future Military Power, Washington, D.C.

Kania, Elsa B. (2020): "AI Weapons" in China's Military Innovation, o.O.

Kania, Elsa B./Laskai, Lorand (2021): Myths and Realities of China's Military-Civil Fusion Strategy, Washington, D.C.

Kaufman, Alison Adcock (2010): The "Century of Humiliation," Then and Now: Chinese Perceptions of the International Order, in: Pacific Focus, 25. Jg., Heft 1, S.1-33.

Kelly, Tim/Uranaka, Miho (2023): Japan restricts chipmaking equipment exports as it aligns with US China curbs, online im Internet: https://www.reuters.com/technology/japan-restrict-chipmaking-equipment-exports-aligning-it-with-us-china-curbs-2023-03-31/, 31.03.2023, [zugegriffen am: 14.10.2023].

Kennedy, Paul (2017) The Rise and Fall of Great Powers. Economic Change and Military Conflict from 1500 to 2000, Dublin/London.

Keohane, Robert O./Nye, Joseph S. (2011): Power and Interdependence, 4. Auflage, Boston.

Khan, Saif M./Mann, Alexander (2020): AI Chips: What They Are and Why They Matter. An AI Chips Reference, o.O.

Khan, Saif M./Mann, Alexander/Peterson, Dahlia (2021): The Semiconductor Supply Chain: Assessing National Competitiveness, o.O.

Khanan, Ro (2023): The New Industrial Age. America Should Once Again Become a Manufacturing Superpower, in: Foreign Affairs, 102. Jg., Heft 1, S. 141-154.

Kharpal, Arjun (2023a): Huawei's chip breakthrough poses new threat to Apple in China – and questions for Washington, online im Internet: https://www.cnbc.com/2023/09/19/huaweis-chip-breakthrough-poses-new-threat-to-apple-in-china.html, 19.09.2023, [zugegriffen am: 23.10.2023].

Kharpal, Arjun (2023b): ASML says ex-China employee misappropriated data relating to its critical chip technology, online im Internet: https://www.cnbc.com/2023/02/15/critical-chip-firm-asml-says-former-china-employee-misappropriated-data.html, 15.02.2023, [zugegriffen am: 08.10.2023].

King, Ian (2023): Israel Is an Important Link in the Global Chip Supply Chain, online im Internet: https://www.bloomberg.com/news/newsletters/2023-10-12/israel-is-an-important-link-in-the-global-chip-supply-chain, 12.10.2023, [zugegriffen am: 30.10.2023].

Kim, Eun-jin (2023): SK hynix Poised to Surpass 10 Trillion Won in Revenue with Preemptive HBM3E Supply Deal with NVIDIA, online im Internet: https://www.businesskorea.co.kr/news/articleView.html?idxno=206884, 01.12.2023, [zugegriffen am: 21.01.2024].

Kopeć, Rafał (2019): Space Deterrence: In Search of a "Magical Formula", in: Space Policy, 47. Jg., S. 121-129.

Krepinevich, Andrew F. (1994): Cavalry to Computer: The Pattern of Military Revolutions, in: The National Interest, Heft 37, S. 30-42.

Krepinevich, Andrew F. (2002): The Military-Technical Revolution: A Preliminary Assessment, Washington, D.C.

Kleinhans, Jan-Peter/Baisakova, Nurzat (2020): The global semiconductor value chain. A technology primer for policy makers, Berlin.

Lee, John/Kleinhans, Jan-Peter (2021): Mapping China's semiconductor ecosystem in global context, Berlin.

Lee, Yimou/Wu, Sarah (2022): 'Tip of the iceberg': Taiwan's spy catchers hunt Chinese poachers of chip talent, online im Internet: https://www.reuters.com/world/asia-pacific/tip-iceberg-taiwans-spy-catchers-hunt-chinese-poachers-chip-talent-2022-04-08/, 08.04.2022, [zugegriffen am: 22.10.2023].

Lee, Yimou/Wu, Sarah (2024): Taiwan voters rebuff China, ruling party gets third presidential term, online im Internet: https://www.reuters.com/world/asia-pacific/polls-open-taiwans-critical-elections-watched-closely-by-china-2024-01-13/, 13.01.2024, [zugegriffen am: 14.01.2024].

Lee, Youkyung/Wu, Debby (2023): US, Asian Partners Discussed Supply Chains in 'Chip 4' Talks, online im Internet: https://www.bloomberg.com/news/articles/2023-02-26/us-asian-partners-discussed-chip-supply-chain-reports-say#xj4y7vzkg, 26.02.2023, [zugegriffen am: 20.10.2023].

Leonard, Mark (2023): China Is Ready for a World of Disorder. America is not, in: Foreign Affairs, 102. Jg., Heft 4, S. 116-127.

Leswing, Kif (2023): U.S. curbs export of more AI chips, including Nvidia H800, to China, online im Internet: https://www.cnbc.com/2023/10/17/us-bans-export-of-more-ai-chips-including-nvidia-h800-to-china.html, 17.10.2023, [zugegriffen am: 05.11.2023].

Li, Lauly/Cheng, Ting-Fang (2020): Huawei claims over 90 contracts for 5G, leading Ericsson, online im Internet: https://asia.nikkei.com/Business/China-tech/Huawei-claims-over-90-contracts-for-5G-leading-Ericsson, 21.02.2020, [zugegriffen am: 25.09.2023].

Lim, Lionel (2023): How TSMC and other firms making the most advanced semiconductors are getting a reprieve from Biden's chip war on China, online im Internet: https://finance.yahoo.com/news/tsmc-other-firms-making-most-090312950.html, 16.10.2023, [zugegriffen am: 22.10.2023].

Liu, Qianer (2023): How Huawei surprised the US with a cutting-edge chip made in China, online im Internet: https://www.ft.com/content/327414d2-fe13-438e-9767-333cdb94c7e1, 30.11.2023, [zugegriffen am: 18.01.2024].

Liu, Qianer/Cheng, Leng (2023): China's economic malaise hits efforts to raise $41bn chip fund, online im Internet: https://www.ft.com/content/521c8ac3-1933-4077-88b9-e9086a0196ca, 27.09.2023, [zugegriffen am: 21.10.2023].

Liu, Qianer/Murphy, Hannah (2023): China's internet giants order $5bn of Nvidia chips to power AI ambitions, online im Internet: https://www.ft.com/content/9dfee156-4870-4ca4-b67d-bb5a285d855c, 09.08.2023, [zugegriffen am: 17.11.2023].

Lv, Amy/Goh, Brenda (2023): Beijing jabs in US-China tech fight with chip material export curbs, online im Internet: https://www.reuters.com/technology/us-firm-axt-applying-permits-after-china-restricts-chipmaking-exports-2023-07-04/, 05.07.2023, [zugegriffen am: 01.10.2023].

Malena, Jorge (2021): The Extension of the Digital Silk Road to Latin America: Advantages and Potential Risks, online im Internet: https://cdn.cfr.org/sites/default/files/pdf/jorgemalenadsr.pdf, 19.01.2021, [zugegriffen am: 17.09.2023].

Mandiant (Hrsg.) (2013): APT1 Exposing One of China's Cyber Espionage Units, o.O.

Martin, Peter/Bloomberg (Hrsg.) (2023): 'We cannot let China get these chips': Commerce Secretary Raimondo says more funding needed for AI export controls, online im Internet: https://fortune.com/2023/12/02/ai-chip-export-controls-china-nvidia-raimondo/, 03.12.2023, [zugegriffen am: 04.12.2023].

Martina, Michael/Hunnicutt, Trevor/Torode, Greg (2023): What China's Xi gained from his Biden meeting, online im Internet: https://www.reuters.com/world/asia-pacific/what-chinas-xi-gained-his-biden-meeting-2023-11-17/, 17.11.2023, [zugegriffen am: 28.11.2023].

Martina, Michael/Yao, Kevin/Chen, Yawen (2018): Exclusive: Facing U.S. blowback, Beijing softens 'Made in China 2025' message, online im Internet: https://www.reuters.com/article/us-usa-trade-china-madeinchina2025-exclu/exclusive-facing-u-s-blowback-beijing-softens-made-in-china-2025-message-idUSKBN1JL12U, 25.06.2018, [zugegriffen am: 18.09.2023].

Martínez, Andres R. (2023): U.S. Sends More Missile Defense Systems to Middle East, online im Internet: https://www.nytimes.com/2023/10/22/world/middleeast/patriot-israel-hamas-iran-gaza-eisenhower-pentagon.html, 22.10.2023, [zugegriffen am: 30.10.2023].

Micron (Hrsg.) (2022): Micron Announces Historic Investment of up to $100 Billion to Build Megafab in Central New York, online im Internet: https://investors.micron.com/news-releases/news-release-details/micron-announces-historic-investment-100-billion-build-megafab, 04.10.2022, [zugegriffen am: 20.10.2023].

Miller, Chris (2022): Chip War. The Fight for the World's most critical Technology, New York.

Miller and Chevalier (Hrsg.) (2020): Trade Compliance Flash: U.S. Export Controls for China, Russia, and Venezuela Expanded With Respect to Military End Users and End Uses; License Exceptions Modified, online im Internet: https://www.millerchevalier.com/publication/trade-compliance-flash-us-export-controls-china-russia-and-venezuela-expanded-respect, 05.04.2020, [zugegriffen am: 11.12.2023].

Miller, Chris/Smith, Noah (2023): Interview: Chris Miller, historian and author of "Chip War", online im Internet: https://www.noahpinion.blog/p/interview-chris-miller-historian?sd=pf, 11.07.2023, [zugegriffen am: 14.09.2023].

Ministry of Foreign Affairs of the People's Republic of China (Hrsg.) (2023): President Xi Jinping Meets with U.S. President Joe Biden, online im Internet: https://www.fmprc.gov.cn/mfa_eng/zxxx_662805/202311/t20231116_11181442.html, 16.11.2023, [zugegriffen am: 25.11.2023].

Mistreanu, Simina (2024): Taiwan presidential hopeful Hou promises to boost island's defense and restart talks with China, online im Internet: https://apnews.com/article/taiwan-election-hou-talks-china-defense-b44299b54130a918ddd3b6d6b4b200c4, 11.01.2024, [zugegriffen am: 11.01.2024].

Mollick, Ethan (2006): Establishing Moore's Law, in: IEEE Annals of the History of Computing, 28. Jg., Heft 3, 62-75.

Morgenthau, Hans J. (1948): Politics Among Nations. The struggle for power and peace, New York.

Münkler, Herfried (2023): Welt in Aufruhr. Die Ordnung der Mächte im 21. Jahrhundert, Berlin.

National Intelligence Law of the People's Republic, veröffentlicht am 27.06.2017, Peking 2017.

Nellis, Stephen/Lee, Jane (2022): U.S. officials order Nvidia to halt sales of top AI chips to China, online im Internet: https://www.reuters.com/technology/nvidia-says-us-has-imposed-new-license-requirement-future-exports-china-2022-08-31/, 01.09.2022, [zugegriffen am: 05.02.2024].

Nguyen, Mai/Onstad, Eric (2023): China's rare earths dominance in focus after it limits germanium and gallium exports, online im Internet: https://www.reuters.com/markets/commodities/chinas-rare-earths-dominance-focus-after-mineral-export-curbs-2023-07-05/#:~:text=China%20exported%2048%2C728%20metric%20tonnes,80%25%20during%202014%20to%202017., 20.10.2023, [zugegriffen am: 16.11.2023].

Nocetti, Julian (2022): Europe and the Geopolitics of 5G: Walking a Technological Tightrope, Paris.

NPC (Hrsg.) (2021): Achieving Rejuvenation Is the Dream of the Chinese People, online im Internet: http://en.npc.gov.cn.cdurl.cn/2021-12/03/c_685601.htm, 03.12.2021, [zugegriffen am: 14.09.2023].

Oi, Mariko (2023): Artificial intelligence chip giant Nvidia sees sales more than double, online im Internet: https://www.bbc.com/news/business-66601716, 24.08.2023, [zugegriffen am: 16.11.2023].

Olcott, Eleanor/Liu, Qianer/Sevastopulo, Demetri (2023): Chinese AI groups use cloud services to evade US chip export controls, online im Internet: https://www.ft.com/content/9706c917-6440-4fa9-b588-b18fbc1503b9, 09.03.2023, [zugegriffen am: 13.11.2023].

OpenAI (Hrsg.) (2018): AI and compute, online im Internet: https://openai.com/research/ai-and-compute, 16.05.2018, [zugegriffen am: 20.11.2023].

Palmer, Alex W. (2023): 'An Act of War': Inside America's Silicon Blockade Against China, online im Internet: https://www.nytimes.com/2023/07/12/magazine/semiconductor-chips-us-china.html, 11.08.2023, [zugegriffen am: 12.11.2023].

Patterson, Alan (2020): China's YMTC is Poised to Lead in NAND Flash Technology, online im Internet: https://www.eetasia.com/chinas-ymtc-is-poised-to-lead-in-nand-flash-technology/, 04.11.2020, [zugegriffen am: 20.01.2024].

Peckham, Oliver (2022): Chinese Startup Biren Details BR100 GPU, online im Internet: https://www.hpcwire.com/2022/08/22/chinese-startup-biren-details-br100-gpu/, 22.08.2022, [zugegriffen am: 06.12.2023].

Pellerin, Cheryl (2015): Work: Human-Machine Teaming Represents Defense Technology Future, online im Internet: https://www.defense.gov/News/News-Stories/Article/Article/628154/work-human-machine-teaming-represents-defense-technology-future/, 08.11.2015, [zugegriffen am: 05.10.2023].

PRC Ministry of Education (Hrsg.) (2021): 35 Key "Stranglehold" Technologies, online im Internet: https://cset.georgetown.edu/wp-content/uploads/t0335_stranglehold_tech_EN.pdf, 13.05.2021, [zugegriffen am: 23.09.2023].

PRC State Council (Hrsg.) (2022): Notice of the State Council on the Publication of "Made in China 2025, online im Internet: https://cset.georgetown.edu/wp-content/uploads/t0432_made_in_china_2025_EN.pdf, 08.03.2022, [zugegriffen am: 20.09.2023].

Record, Jeffrey (2009): Japan’s decision for war in 1941: some enduring lessons, Carlisle.

Reuters (Hrsg.) (2023a): China fails Micron's products in security review, bars some purchases, online im Internet: https://www.reuters.com/technology/chinas-regulator-says-finds-serious-security-issues-us-micron-technologys-2023-05-21/, 22.05.2023, [zugegriffen am: 19.10.2023].

Reuters (Hrsg.) (2023b): Micron warns of bigger revenue hit from China ban, online im Internet: https://www.reuters.com/technology/micron-says-half-china-headquarter-revenue-risk-due-ban-2023-06-16/, 16.06.2023, [zugegriffen am: 19.10.2023].

Reuters (Hrsg.) (2023c): What are Gallium and Germanium and which countries are producers?, online im Internet: https://www.reuters.com/markets/commodities/where-are-strategic-materials-germanium-gallium-produced-2023-07-04/, 07.07.2023, [zugegriffen am: 21.10.2023].

Rotte, Ralph (2019): Das Phänomen Krieg. Eine sozialwissenschaftliche Bestandsaufnahme, Wiesbaden.

Rudd, Kevin (2022): The World According to Xi Jinping What China's Ideologue in Chief Really Believes, in: Foreign Affairs, 101. Jg., Heft 6, S. 8-21.

Russel, Stuart/Norvig, Peter (2010): Artificial Intelligence. A Modern Approach, 3. Auflage, New Jersey.

Rühlig, Tim (2020a): Technical standardisation, China and the future international order. A European perspective, Brüssel.

Rühlig, Tim (2020b): Who Controls Huawei? Implications for Europe, Stockholm.

Sacks, David (2023): China's Belt and Road Initiative Enters Its Second Decade: Which Leaders Went to Beijing to Celebrate with Xi Jinping?, online im Internet: https://www.cfr.org/blog/chinas-belt-and-road-initiative-enters-its-second-decade-which-leaders-went-beijing-celebrate, 17.10.2023, [zugegriffen am: 22.10.2023].

Sander, Matthias (2023): Huawei verkauft trotz US-Sanktionen 5G-Smartphones. Das ist ein hübscher Erfolg für China. Mehr aber nicht, online im Internet: https://www.nzz.ch/meinung/huawei-verkauft-trotz-us-sanktionen-wieder-5g-smartphones-das-ist-ein-huebscher-erfolg-aber-kein-sensationeller-durchbruch-fuer-china-ld.1757972, 26.09.2023, [zugegriffen am: 06.11.2023].

Sanger, David E./McCabe, David (2020): Huawei Is Winning the Argument in Europe, as the U.S. Fumbles to Develop Alternatives, online im Internet: https://www.nytimes.com/2020/02/17/us/politics/us-huawei-5g.html, 14.07.2020, [zugegriffen am: 08.10.2023].

Satter, Raphael (2020): EXCLUSIVE Suspected Chinese hackers stole camera footage from African Union - memo, online im Internet: https://www.reuters.com/world/china/exclusive-suspected-chinese-hackers-stole-camera-footage-african-union-memo-2020-12-16/, 16.12.2020, [zugegriffen am: 05.10.2023].

Scharre, Paul (2023): What AI means for global power, in: Andrew Sollinger (Foreign Policy) (Hrsg.): The Scramble for AI, Washington, D.C., S. 35-41.

Schmitt, Eric (2024): 3 American Soldiers Killed in Drone Strike in Jordan, U.S. Says, online im Internet: https://www.nytimes.com/2024/01/29/us/politics/us-troops-drone-attack-jordan-iran.html, 28.01.2024, [zugegriffen am: 03.02.2024].

Schuyten, Peter J. (1979): Technology, online im Internet: https://www.nytimes.com/1979/05/10/archives/technology-subculture-of-silicon-technology.html, 10.05.1979, [zugegriffen am: 22.10.2023].

SIA (Hrsg.) (2022): State of the U.S. Semiconductor Industry, online im Internet: https://www.semiconductors.org/wp-content/uploads/2022/11/SIA_State-of-Industry-Report_Nov-2022.pdf, 2022, [zugegriffen am: 11.10.2023].

SIA/NIA (Hrsg.) (2016): Beyond Borders. The Global Semiconductor Value Chain, o.O.

Siddiqui, Zeba/Bing, Christopher (2023): Chinese hackers spying on US critical infrastructure, Western intelligence says, online im Internet: https://www.reuters.com/technology/microsoft-says-china-backed-hacker-targeted-critical-us-infrastructure-2023-05-24/, 25.05.2023, [zugegriffen am: 02.10.2023].

Simon and Schuster (Hrsg.) (o.J.): About The Book, online im Internet: https://www.simonandschuster.com/books/Chip-War/Chris-Miller/9781982172008, o.J., [zugegriffen am: 04.02.2024].

Singh, Manpreet/Sargent Jr., John F./Sutter, Karen M. (2023): Semiconductors and the Semiconductor Industry, o.O.

Spiegel (Hrsg.) (2023): Chiphersteller TSMC beschließt Bau von Fabrik in Dresden, online im Internet: https://www.spiegel.de/wirtschaft/unternehmen/mikrochips-chiphersteller-tsmc-beschliesst-bau-von-fabrik-in-dresden-a-697d6885-4888-479f-befe-9b3dcdc88151, 08.08.2023, [zugegriffen am: 21.10.2023].

State Council (Hrsg.) (2017): Full Translation: China's 'New Generation Artificial Intelligence Development Plan' (2017), online im Internet: https://digichina.stanford.edu/work/full-translation-chinas-new-generation-artificial-intelligence-development-plan-2017/, 01.08.2017, [zugegriffen am: 27.09.2023].

State Council (Hrsg.) (o.J.): Guideline for the Promotion of the Development of the National Integrated Circuit Industry, online im Internet: https://members.wto.org/CRNAttachments/2014/SCMQ2/law47.pdf, o.J., [zugegriffen am: 21.09.2023].

State Council Information Office of the People's Republic of China (Hrsg.) (2019): China's National Defense in the New Era, online im Internet: http://www.chinadaily.com.cn/specials/whitepaperonnationaldefenseinnewera.pdf, 2019, [zugegriffen am: 28.10.2023].

Sterling, Toby (2023): Dutch curb chip equipment exports, drawing Chinese ire, online im Internet: https://www.reuters.com/technology/amid-us-pressure-dutch-announce-new-chip-equipment-export-rules-2023-06-30/, 30.06.2023, [zugegriffen am: 25.10.2023].

Stokes, Jacob/Sullivan, Alexander/Greene, Noah (2023): U.S.-China Competition and Military AI, Washington, D.C.

Sullivan, Jake (2022): Remarks by National Security Advisor Jake Sullivan at the Special Competitive Studies Project Global Emerging Technologies Summit, online im Internet: https://www.whitehouse.gov/briefing-room/speeches-remarks/2022/09/16/remarks-by-national-security-advisor-jake-sullivan-at-the-special-competitive-studies-project-global-emerging-technologies-summit/, 16.09.2022, [zugegriffen am: 18.12.2023].

Swanson, Ana (2020): U.S. Delivers Another Blow to Huawei With New Tech Restrictions, online im Internet: https://www.nytimes.com/2020/05/15/business/economy/commerce-department-huawei.html, 24.09.2021, [zugegriffen am: 25.11.2023].

Tabuchi, Hiroko (2010): Block on Minerals Called Threat to Japan's Economy, online im Internet: https://www.nytimes.com/2010/09/29/business/global/29rare.html, 28.09.2010, [zugegriffen am: 24.11.2023].

TechInsights (Hrsg.) (o.J.): TechInsights Finds SMIC 7nm (N+2) in Huawei Mate 60 Pro, online im Internet: https://www.techinsights.com/blog/techinsights-finds-smic-7nm-n2-huawei-mate-60-pro, o.J., [zugegriffen am: 23.10.2023].

The State Strategic Advisory Committee for Building China into a Manufacturing Superpower (Hrsg.) (2020): Roadmap of Major Technical Domains for Made in China 2025, online im Internet: https://cset.georgetown.edu/wp-content/uploads/t0181_Made_in_China_roadmap_EN.pdf, 09.09.2020, [zugegriffen am: 18.10.2023].

Thukydides (2018): Der Peloponnesische Krieg, Ditzingen.

Torrigan, Joseph (2022): Xi Jinping and Ideology, in Myers, Lucas (Hrsg.): Essays on China and U.S. Policy, Washington, D.C., S. 308-338.

Triolo, Paul/Allison, Kevin/Brown, Clarise/Broderick, Kelsey (2020): The Digital Silk Road: Expanding China's Digital Footprint, online im Internet: https://www.eurasiagroup.net/files/upload/Digital-Silk-Road-Expanding-China-Digital-Footprint.pdf, 08.04.2020, [zugegriffen am: 25.09.2023].

Tsai, Ing-wen (2021): Taiwan and the Fight for Democracy. A Force for Good in the Changing International Order, in: Foreign Affairs, 100. Jg., Heft 6, S. 74-84.

Tseng, P.K. (2023): TrendForce Says with Cloud Companies Initiating AI Arms Race, GPU Demand from ChatGPT Could Reach 30,000 Chips as It Readies for Commercialization, online im Internet: https://www.trendforce.com/presscenter/news/20230301-11584.html, 01.03.2023, [zugegriffen am: 08.11.2023].

TSMC (Hrsg) (o.J.): 3nm Technology, online im Internet: https://www.tsmc.com/english/dedicatedFoundry/technology/logic/l_3nm , o.J., [zugegriffen am: 21.10.2023].

US Congress (Hrsg.) (2018): John S. McCain National Defense Authorization Act for Fiscal Year 2019, Washington, D.C.

USGS (Hrsg.) (2023): Mineral Commodity Summaries 2023, Reston.

Varas, Antonio/Varadarajan, Raj/Goodrich, Jimmy/Yinug, Falan (2021): Strengthening the global semiconductor supply chain in an uncertain era, online im Internet: https://www.semiconductors.org/wp-content/uploads/2021/05/BCG-x-SIA-Strengthening-the-Global-Semiconductor-Value-Chain-April-2021_1.pdf, 2021, [zugegriffen am: 06.10.2023].

Vogel, Ezra F. (2011): Deng Xiaoping and the Transformation of China, London.

Walder, Andrew G. (2015): China under Mao. A Revolution Derailed, London.

Walton, Greg (2001): China's golden shield. Corporations and the Development of Surveillance Technology in the People's Republic of China, Montréal, Kanada.

Wang, Dan (2023): China's Hidden Tech Revolution. How Beijing Threatens U.S. Dominance, in: Foreign Affairs, 102. Jg., Heft 2, S.65-77.

Welker, Kristen/Kube, Courtney/Lee, Carol E./Mitchell, Andrea (2023): Xi warned Biden during summit that Beijing will reunify Taiwan with China, online im Internet: https://www.nbcnews.com/news/china/xi-warned-biden-summit-beijing-will-reunify-taiwan-china-rcna130087, 20.12.2023, [zugegriffen am: 22.12.2023].

White House (Hrsg.) (2022): FACT SHEET: CHIPS and Science Act Will Lower Costs, Create Jobs, Strengthen Supply Chains, and Counter China, online im Internet: https://www.whitehouse.gov/briefing-room/statements-releases/2022/08/09/fact-sheet-chips-and-science-act-will-lower-costs-create-jobs-strengthen-supply-chains-and-counter-china/, 09.08.2022, [zugegriffen am: 07.10.2023].

White House (Hrsg.) (2023): Readout of President Joe Biden's Meeting with President Xi Jinping of the People's Republic of China, online im Internet: https://www.whitehouse.gov/briefing-room/statements-releases/2023/11/15/readout-of-president-joe-bidens-meeting-with-president-xi-jinping-of-the-peoples-republic-of-china-2/, 15.11.2023, [zugegriffen am: 25.11.2023].

Wray, Christopher (2022): Countering Threats Posed by the Chinese Government Inside the U.S., online im Internet: https://www.fbi.gov/news/speeches/countering-threats-posed-by-the-chinese-government-inside-the-us-wray-013122, 31.01.2022, [zugegriffen am: 04.10.2023].

Wu, Debby (2022): TSMC Suspends Work for Chinese Chip Startup Amid US Curbs, online im Internet: https://www.bloomberg.com/news/articles/2022-10-22/tsmc-said-to-suspend-work-for-chinese-chip-startup-amid-us-curbs, 22.10.2023, [zugegriffen am: 06.12.2023].

Wu, Sarah/Blanchard, Ben (2023): TSMC expects permanent U.S. approval to supply chip tools to its China factory, online im Internet: https://www.reuters.com/technology/taiwan-minister-says-tsmc-has-received-china-chip-waiver-extension-us-2023-10-13/, 13.10.2023, [zugegriffen am: 22.10.2023].

Wübbeke, Jost/Meissner, Mirjam/Zenglein, Max J./Ives, Jaqueline/Conrad, Björn (2016): Made in China 2025. The making of a high-tech superpower and consequences for industrial countries, Berlin.

Xi, Jinping (2017a): Secure a Decisive Victory in Building a Moderately Prosperous Society in All Respects and Strive for the Great Success of Socialism with Chinese Characteristics for a New Era, online im Internet: http://www.xinhuanet.com/english/download/Xi_Jinping's_report_at_19th_CPC_National_Congress.pdf, 18.10.2017, [zugegriffen am: 14.09.2023].

Xi, Jinping (2017b): Full text of President Xi's speech at opening of Belt and Road forum, online im Internet: http://www.xinhuanet.com//english/2017-05/14/c_136282982.htm, 14.05.2017, [zugegriffen am: 20.09.2023].

Xi, Jinping (2019): Xi Jinping in Translation: China's Guiding Ideology, online im Internet: https://www.palladiummag.com/2019/05/31/xi-jinping-in-translation-chinas-guiding-ideology/, 31.05.2019, [zugegriffen am: 13.09.2023].

Xi, Jinping (2021): Full text of Xi Jinping's speech on the CCP's 100th anniversary, online im Internet: https://asia.nikkei.com/Politics/Full-text-of-Xi-Jinping-s-speech-on-the-CCP-s-100th-anniversary, 01.07.2021, [zugegriffen am: 15.09.2023].

Xi, Jinping (2022): Transcript: President Xi Jinping's report to China's 2022 party congress, online im Internet: https://asia.nikkei.com/Politics/China-s-party-congress/Transcript-President-Xi-Jinping-s-report-to-China-s-2022-party-congress, 18.10.2022, [zugegriffen am: 14.09.2023].

Xi, Jinping (2023): Full text of President Xi Jinping's 2024 New Year message, online im Internet: https://www.mfa.gov.cn/eng/zxxx_662805/202312/t20231231_11215608.html, 31.12.2023, [zugegriffen am: 02.01.2024].

Xie, John (2023): US Tech Leaders Aim for Fewer Export Curbs on AI Chips for China, online im Internet: https://www.voanews.com/a/us-tech-leaders-aim-for-fewer-export-curbs-on-ai-chips-for-china-/7189543.html, 20.07.2023, [zugegriffen am: 13.11.2023].

Xinhua (Hrsg.) (2018): Backgrounder: Xi Jinping Thought on Socialism with Chinese Characteristics for a New Era, online im Internet: http://www.xinhuanet.com/english/2018-03/17/c_137046261.htm, 17.03.2018, [zugegriffen am: 17.09.2023].

Xinhua (Hrsg.) (2024): Mainland spokesperson comments on Taiwan election results, online im Internet: https://english.news.cn/20240113/a669c1402683472ca4e420ca94fcd8df/c.html, 13.01.2024, [zugegriffen am: 13.01.2024].

Xinhua News Agency (Hrsg.) (2021a): Outline of the People's Republic of China 14th Five-Year Plan for National Economic and Social Development and Long-Range Objectives for 2035, online im Internet: https://cset.georgetown.edu/wp-content/uploads/t0284_14th_Five_Year_Plan_EN.pdf, 12.05.2021, [zugegriffen am: 16.09.2023].

Xinhua News Agency (Hrsg.) (2021b): The Chinese Communist Party Central Committee and the State Council Publish the "National Standardization Development Outline", online im Internet: https://cset.georgetown.edu/wp-content/uploads/t0406_standardization_outline_EN.pdf, 08.11.2021, [zugegriffen am: 21.09.2023].

Yatsuzuka, Masaaki (2022): PLA’s Intelligentized Warfare: The Politics on China’s Military Strategy, in: Security & Strategy, 2. Jg., S. 17-36.

Ye, Josh/Kirton, David/Lin, Chen (2023): Focus: Inside China's underground market for high-end Nvidia AI chips, online im Internet: https://www.reuters.com/technology/inside-chinas-underground-market-high-end-nvidia-ai-chips-2023-06-19/, 20.06.2023, [zugegriffen am: 10.11.2023].

Yew, Lun Tian/Munroe, Tony (2022): China's Xi clinches third term, packs leadership with loyalists, online im Internet: https://www.reuters.com/world/china/chinas-communist-party-politburo-standing-committee-unveiled-2022-10-23/, 24.10.2022, [zugegriffen am: 23.09.2023].

Yu, Yifan (2022): Intel plans $20bn 'megasite' in Ohio in chip race with TSMC, online im Internet: https://asia.nikkei.com/Business/Tech/Semiconductors/Intel-plans-20bn-megasite-in-Ohio-in-chip-race-with-TSMC, 22.01.2022, [zugegriffen am: 21.10.2023].

Zenglein, Max J./Holzmann, Anna (2019): Evolving Made in China 2025. China’s industrial policy in the quest for global tech leadership, Berlin.

Zhu, Julie (2022): Exclusive: China readying $143 billion package for its chip firms in face of U.S. curbs, online im Internet: https://www.reuters.com/technology/china-plans-over-143-bln-push-boost-domestic-chips-compete-with-us-sources-2022-12-13/, 14.12.2022, [zugegriffen am: 26.10.2023].

Zixue, Tai (2010): Casting the Ubiquitous Net of Information Control: Internet Surveillance in China from Golden Shield to Green Dam, in: International Journal of Advanced Pervasive and Ubiquitous Computing, 2. Jg., Heft 1, S. 53-70.